Georg Vrachliotis

Frei Otto
Carlfried Mutschler
MULTIHALLE

Spector Books

Ideenskizze im Maßstab 1:200 mit Varianten der ursprünglich geplanten Ballondächer, Carlfried Mutschler + Partner, Wettbewerbsbeitrag, 1970

→ 24 – 25
Plan der Informationsachse mit Ballondächern und Rasterstruktur im Maßstab 1:500, Carlfried Mutschler + Partner, Planungsstand um 1971/72

Plan der Informationsachse mit Zeltdächern und Rasterstruktur im Maßstab 1:500, Carlfried Mutschler + Partner, Planungsstand 05. Juni 1972

→ 26 – 27
Plan der Informationsachse mit Ausschnitt von Haupteingang und Multihalle, Carlfried Mutschler + Partner, Planungsstand 1972

Plan der Informationsachse mit Zeltdächern und Rasterstruktur im Maßstab 1:500, Carlfried Mutschler + Partner, Planungsstand 1972

→ 28 – 29
Grundriss Erdgeschoß der Multihalle im Maßstab 1:200, Carlfried Mutschler + Partner und Frei Otto, Planungsstand 13. November 1972

Grundriss Erdgeschoß der Multihalle im Maßstab 1:200, Carlfried Mutschler + Partner und Frei Otto, Planungsstand 13. November 1972

Concept sketch, scale 1:200, with variations of the originally planned balloon roofs, Carlfried Mutschler + Partners, competition contribution, 1970

→ 24 – 25
Plan of the Information Axis with balloon roofs and grid structure, scale 1:500, Carlfried Mutschler + Partners, ca. 1971/72

Plan of the Information Axis with tensile roofs and grid structure, scale 1:500, Carlfried Mutschler + Partners, 5 June 1972

→ 26 – 27
Plan of the Information Axis with section of the main entrance and Multihalle, Carlfried Mutschler + Partners, 1972

Plan of the Information Axis with tensile roofs and grid structure, scale 1:500, Carlfried Mutschler + Partners, 1972

→ 28 – 29
Floor plan of the Multihalle ground floor, scale 1:200, Carlfried Mutschler + Partners and Frei Otto, 13 November 1972

Floor plan of the Multihalle ground floor, scale 1:200, Carlfried Mutschler + Partners and Frei Otto, 13 November 1972

Nachdem die Entscheidung gefallen war, erstmals in Mannheim eine Bundesgartenschau auszurichten, werden zwei bundesweite Wettbewerbe für die Planung ausgeschrieben. Carlfried Mutschler + Partner geht mit dem Gartenarchitekten Heinz H. Eckebrecht als Gewinner für die Gesamtplanung des Teilbereichs am Herzogenriedparks hervor. Die Planung umfasst den Bau einer Wohnsiedlung und die Entwicklung einer Informationsachse, die verschiedene, innerhalb eines Rasters angeordnete Funktionsbereiche beinhaltet. Für den Bereich des sogenannten Jugendtreffpunkts, dort wo die Gitterschale der späteren Multihalle stehen wird, hatte Mutschler eine temporäre Konstruktion aus scheibenartigen Dachelementen vorgesehen, die an überdimensionalen Ballons befestigt werden und so einen überdachten, stützenfreien Raum ermöglichen sollten. Nachdem er jedoch das Bild der schwebenden Dachlandschaft aufgrund von baurechtlichen Bedenken endgültig verwerfen muss, beginnt er sich mit zweischaligen, pneumatischen Dachmodulen und Zeltformen in unterschiedlichen Größen zu beschäftigen.

Once the decision was made to stage a Federal Garden Show in Mannheim for the first time, two nationwide competitions were announced for its conceptual design. Together with garden architect Heinz H. Eckebrecht, Carlfried Mutschler + Partner were announced as the winners for the overall planning for the part located at Herzogenriedpark. This involved the construction of a housing estate and the development of an information axis that included various functional areas within a grid. For the so-called youth meeting point area where the gridshell of the future Multihalle would later stand, Mutschler had planned a temporary structure made of disk-like roof elements attached to oversized balloons to create a covered space free of support beams. However, after abandoning the idea of the floating roof landscape due to various building regulatory concerns, he began to explore the possibility of double-shell, pneumatic roof modules and tent forms in different sizes.

BUNDESGARTENSCHAU 1975 MANNHEIM HERZOGENRIED LAGEPLAN
ANDERE KONSTRUKTIONSMÖGLICHKEITEN M 1:500
HÄNGESTEG HOCHSITZE JAKOBSLEITERN BAUMHÜTTEN
SCHNELLIMBISS
BERG
TAL
BLUMENPETER
TANZBODEN 3
TANZPALETTE
SPIELPLATZ
JAPANISCHE GÄRTEN

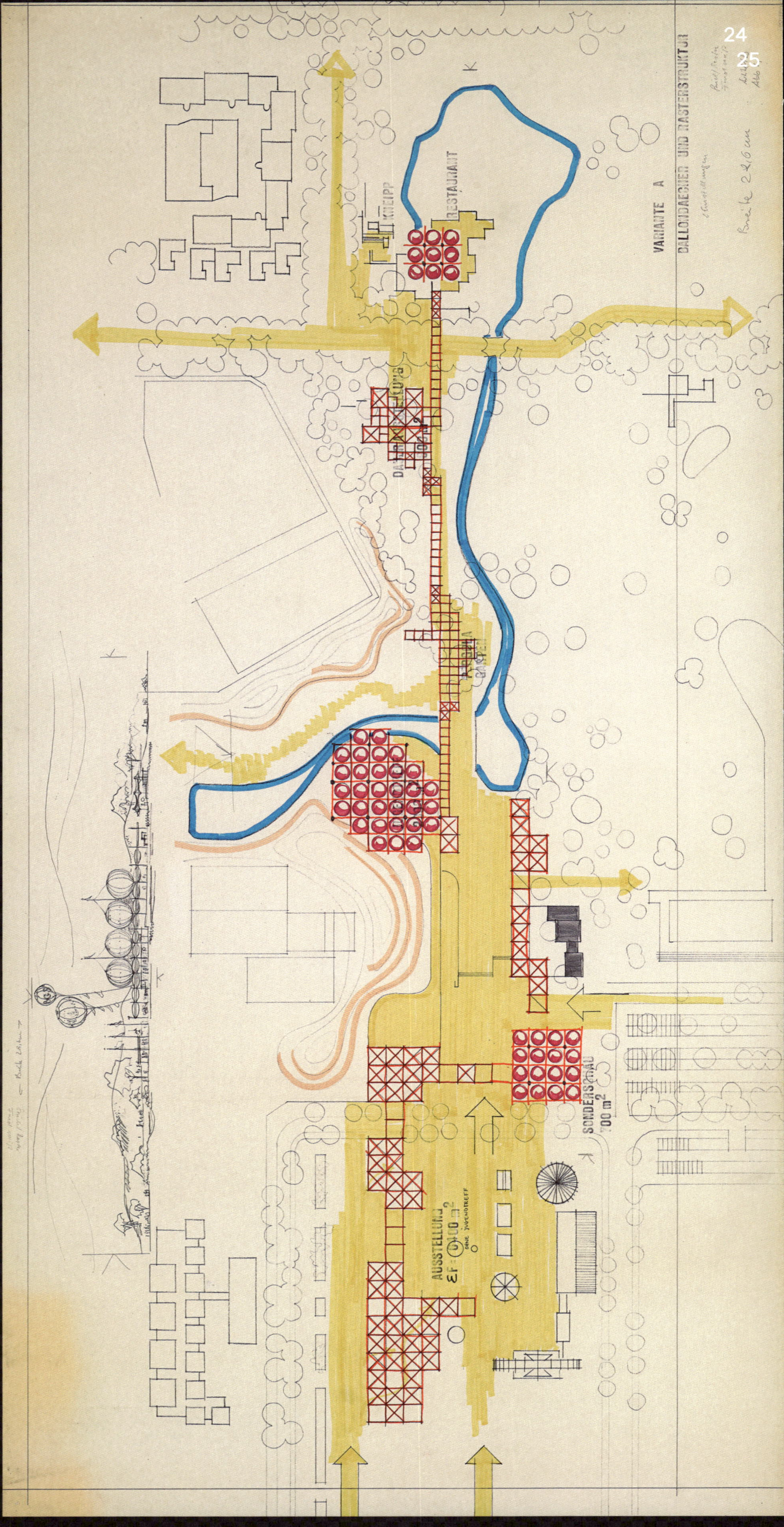
VARIANTE A
BALLONDAECHER UND RASTERSTRUKTUR
RESTAURANT
KNEIPP
SONDERSCHAU
700 m2
AUSSTELLUNG

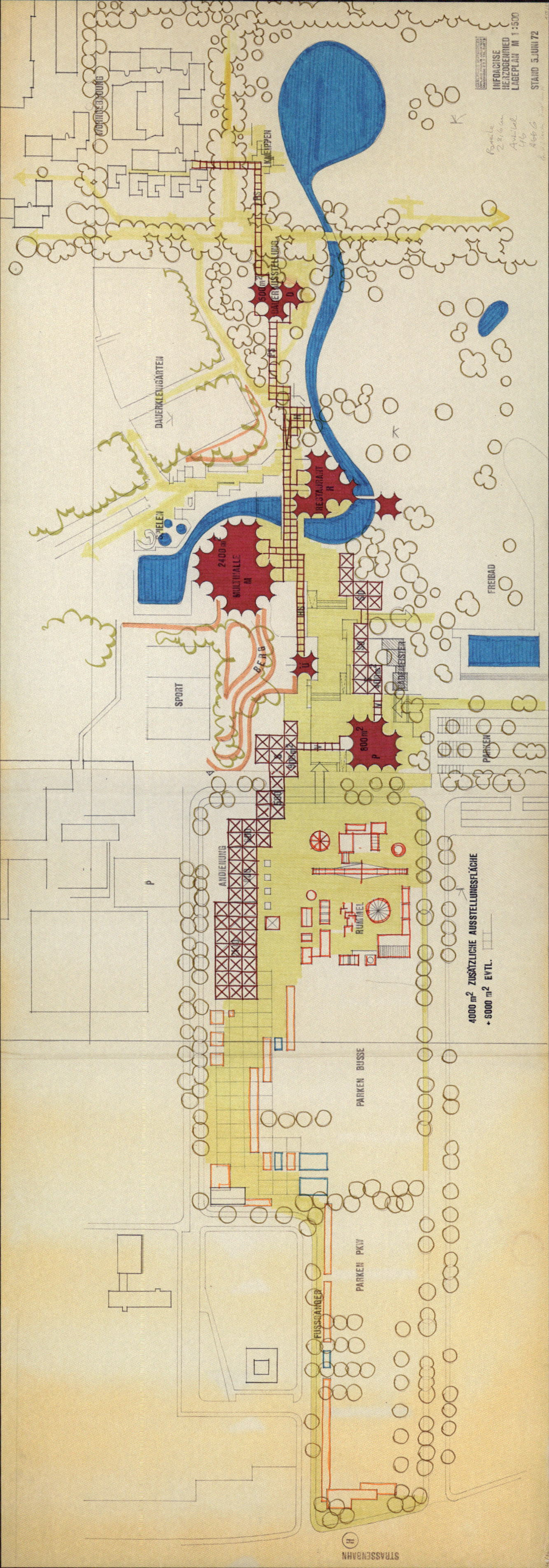

INFOACHSE
HERZOGENRIED
LAGEPLAN M 1:500
STAND 5.JUNI 72
WOHNBEBAUUNG
KNEIPPEN
500 m²
DAUERAUSSTELLUNG
D
DAUERKLEINGÄRTEN
RESTAURANT
R
SPIELEN
2400 m²
MULTIHALLE
M
FREIBAD
BERG
SPORT
BADEMEISTER
800 m²
P
PARKEN
ANDIENUNG
RUMMEL
4000 m² ZUSÄTZLICHE AUSSTELLUNGSFLÄCHE
+ 6000 m² EVTL.
PARKEN BUSSE
PARKEN PKW
FUSSGÄNGER
STRASSENBAHN

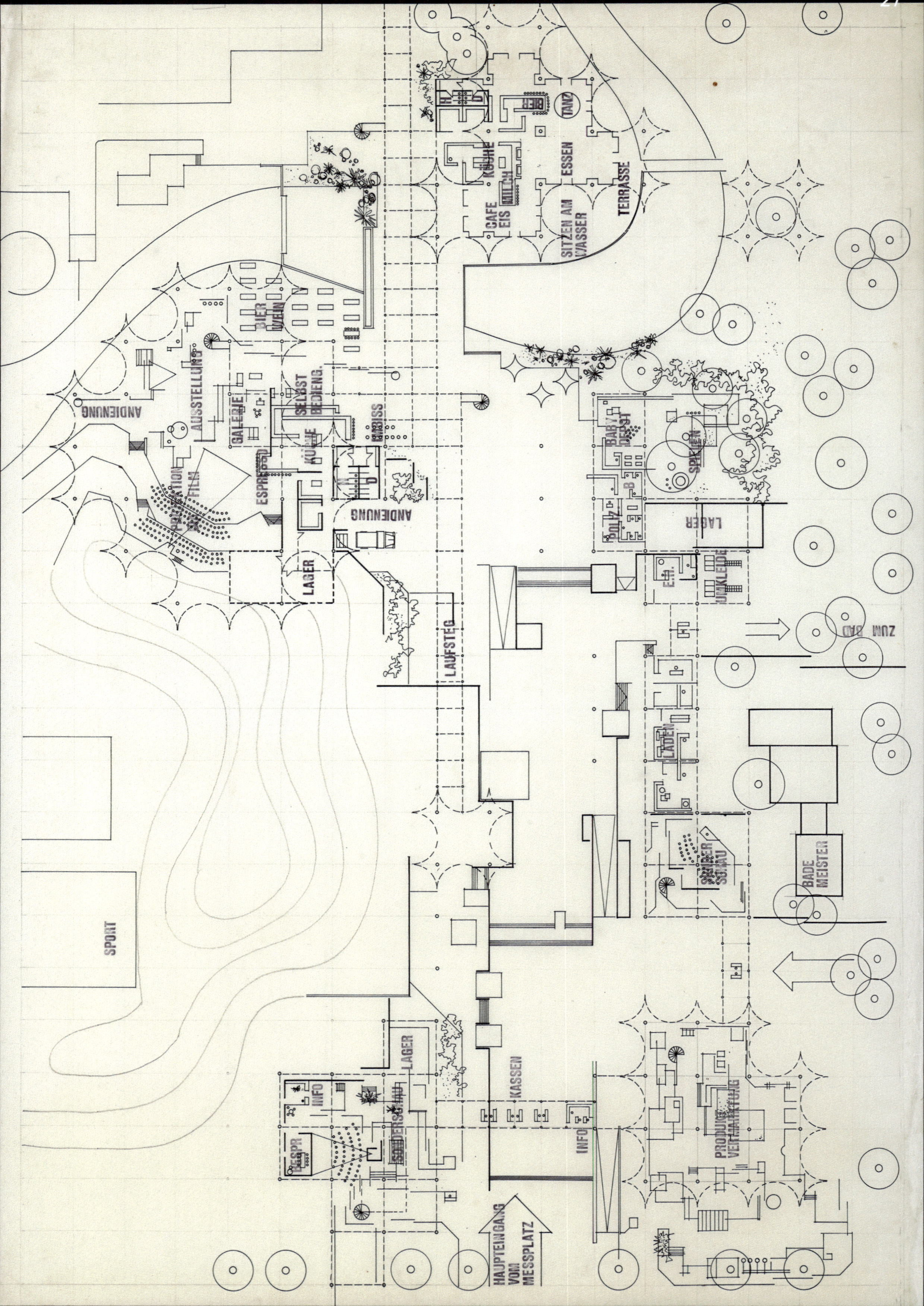
CAFE EIS
KÜCHE
MILCH
BIER
TANZ
ESSEN
SITZEN AM WASSER
TERRASSE
BIER WEIN
AUSSTELLUNG
ANDIENUNG
GALERIE
SELBST BEDIENG.
IMBISS
KÜCHE
ESPRESSO
PROJEKTION FILM
ANDIENUNG
LAGER
LAUFSTEG
BABY DEPOT
SPIELEN
POLIZ.
LAGER
E.H.
UMKLEIDE
ZUM BAD
LADEN
SPORT
SONDERSCHAU
BADE MEISTER
LAGER
INFO
ESPR
SONDERSCHAU
KASSEN
INFO
PRODUKT VERWALTUNG
HAUPTEINGANG VOM MESSPLATZ

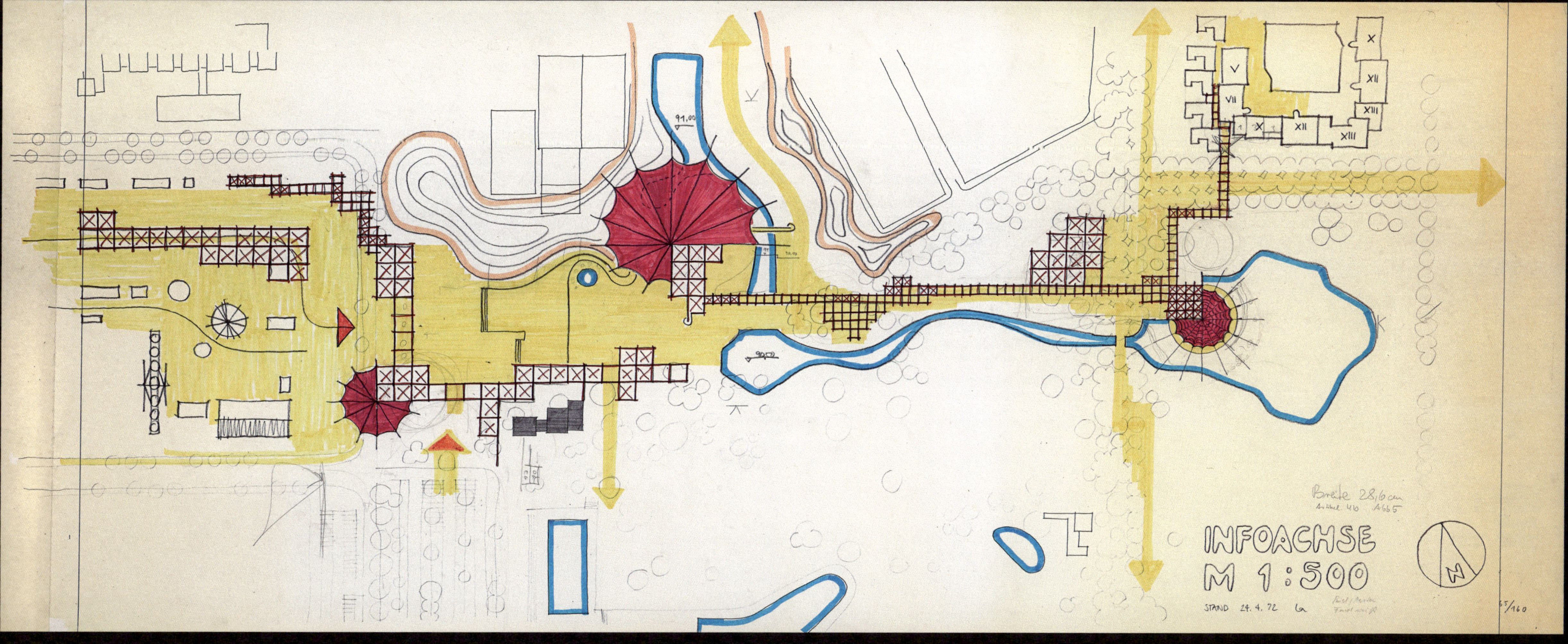
INFOACHSE
M 1:500
STAND 24. 4. 72
Breite 28,6 cm
91,00

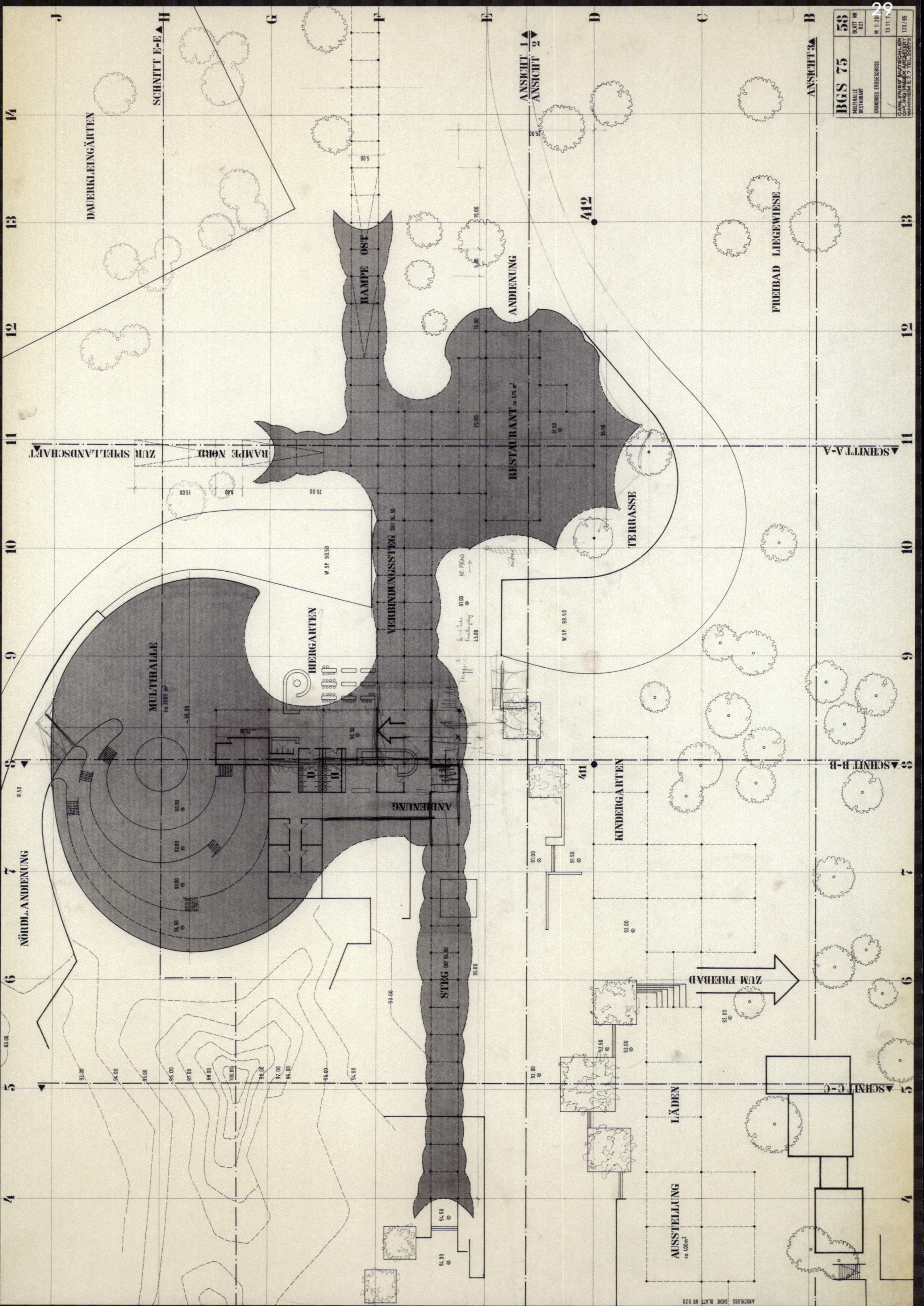
BGS 75
MULTIHALLE RESTAURANT
GRUNDRISS ERDGESCHOSS
58
DAUERKLEINGÄRTEN
SCHNITT E-E
ANSICHT 1
ANSICHT 2
ANSICHT 3
FREIBAD LIEGEWIESE
RAMPE OST
ANDIENUNG
RESTAURANT ca. 575 m²
TERRASSE
SCHNITT A-A
RAMPE NORD
ZUR SPIELLANDSCHAFT
VERBINDUNGSSTEG
BIERGARTEN
MULTIHALLE ca. 3800 m²
SCHNITT B-B
KINDERGARTEN
NÖRDL. ANDIENUNG
STEG
ZUM FREIBAD
LÄDEN
SCHNITT C-C
AUSSTELLUNG ca. 400 m²

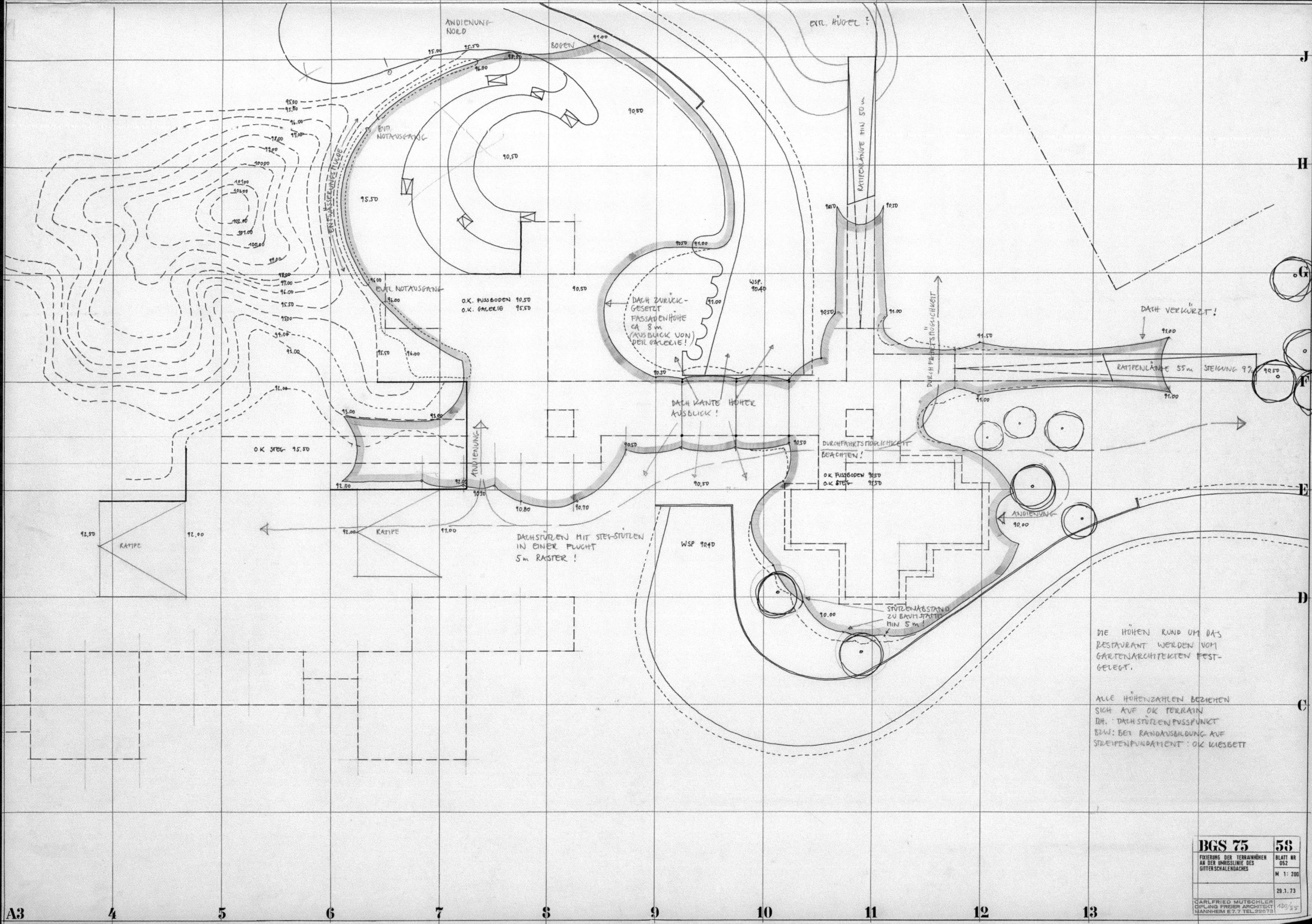
BGS 75
58
FIXIERUNG DER TERRAINHÖHEN AN DER UMRISSLINIE DES GITTERSCHALENDACHES
BLATT NR 052
M 1: 200
29.1.73
CARLFRIED MUTSCHLER
DIPL-ING FREIER ARCHITEKT
MANNHEIM E7.7 TEL.22673
DIE HÖHEN RUND UM DAS RESTAURANT WERDEN VOM GARTENARCHITEKTEN FEST-GELEGT.
ALLE HÖHENZAHLEN BEZIEHEN SICH AUF OK TERRAIN
DH.: DACHSTÜTZENFUSSPUNKT
BZW.: BEI RANDAUSBILDUNG AUF STREIFENFUNDAMENT: OK KIESBETT
ANDIENUNG NORD
BOGEN
EVTL. HÜGEL ?
EVTL. NOTAUSGANG
ENTWÄSSERUNGSMULDE
O.K. FUSSBODEN 90.50
O.K. GALERIE 95.50
DACH ZURÜCK-GESETZT FASSADENHÖHE CA 8 m (AUSBLICK VON DER GALERIE!)
WSP. 90.40
DACHKANTE HÖHER AUSBLICK !
DURCHFAHRTSMÖGLICHKEIT BEACHTEN !
DURCHFAHRTSMÖGLICHKEIT
DACH VERKÜRZT !
RAMPENLÄNGE 55 m STEIGUNG 9%
RAMPENLÄNGE MIN 50 m
OK STEG 95.50
ANDIENUNG
RAMPE
DACHSTÜTZEN MIT STEG-STÜTZEN IN EINER FLUCHT 5 m RASTER !
WSP 90.40
STÜTZENABSTAND ZU BAUMSTAMM MIN 5 m !
A3
4
5
6
7
8
9
10
11
12
13
J
H
G
F
E
D
C

Grundriss der Multihalle Ebene 1 im Maßstab 1:200, Carlfried Mutschler + Partner, Planungsstand 1973

Floor plan of the Multihalle Level 1 (ground floor), scale 1:200, Carlfried Mutschler + Partners, 1973

→ 32–33

Ansicht und Schnitt der Multihalle im Maßstab 1:200, Carlfried Mutschler + Partner, Planungsstand 13. November 1972

View and section of the Multihalle, scale 1:200, Carlfried Mutschler + Partners, 13 November 1972

Ansicht und Schnitt der Multihalle im Maßstab 1:200, Carlfried Mutschler + Partner, Planungsstand 9. November 1972

View and section of the Multihalle, scale 1:200, Carlfried Mutschler + Partners, 9 November 1972

→ 34 – 35

Zeichnungen der Schallausbreitung in der Multihalle im Maßstab 1:100, Frei Otto, Planungsstand 24. Juni 1973

Drawings of the sound propagation in the Multihalle, scale 1:100, Frei Otto, 24 June 1973

→ 36

Bau- und Planungsablaufplan der Multihalle bis zur Eröffnung am 16. April 1975, Carlfried Mutschler + Partner, 14. November 1975

Construction and planning schedule of the Multihalle up until the opening on 16 April 1975, Carlfried Mutschler + Partners, 14 November 1975

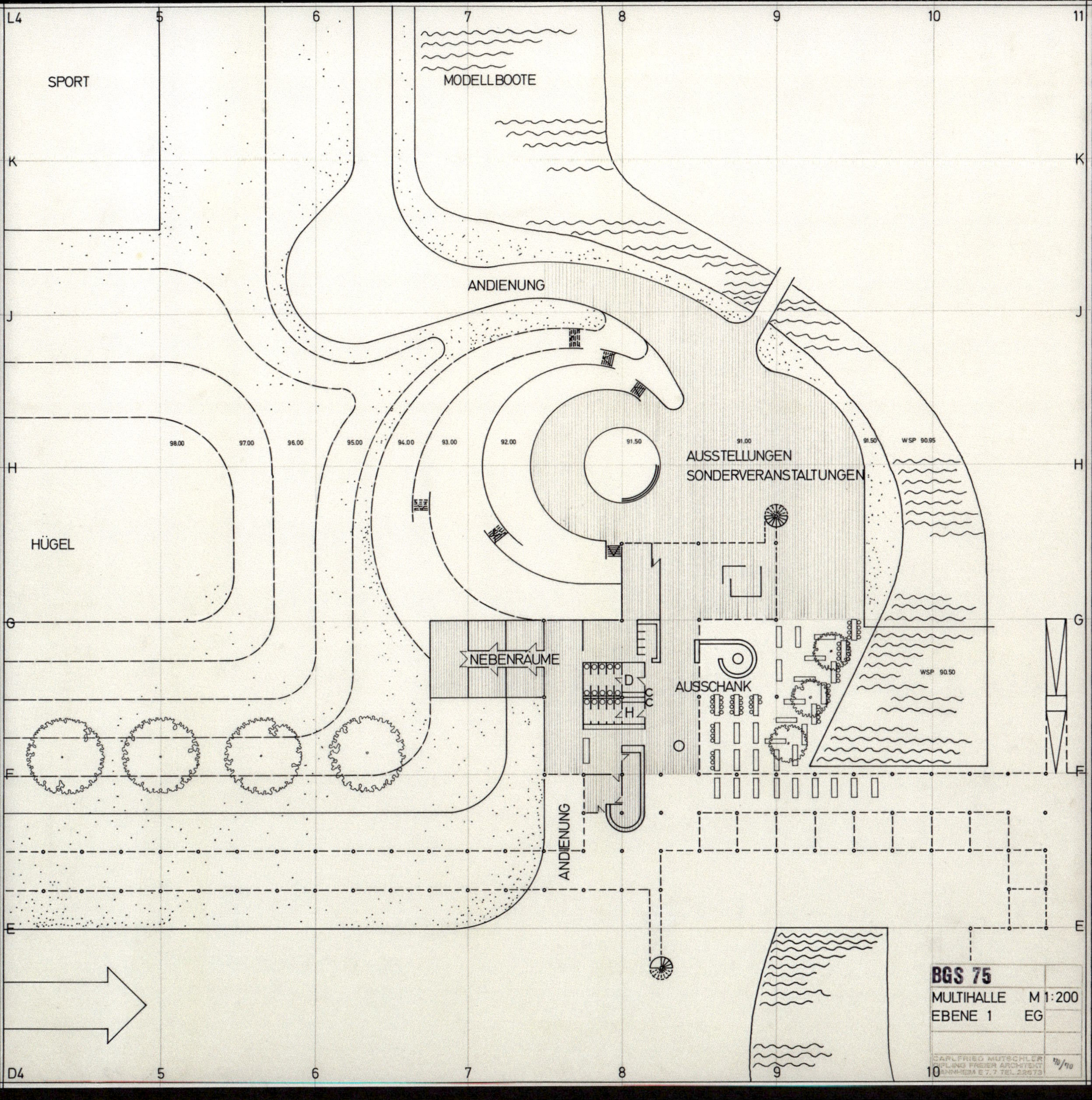

SPORT
MODELLBOOTE
ANDIENUNG
HÜGEL
98.00
97.00
96.00
95.00
94.00
93.00
92.00
91.50
91.00
91.50
WSP 90.95
AUSSTELLUNGEN
SONDERVERANSTALTUNGEN
NEBENRÄUME
AUSSCHANK
WSP 90.50
ANDIENUNG
BGS 75
MULTIHALLE M 1:200
EBENE 1 EG

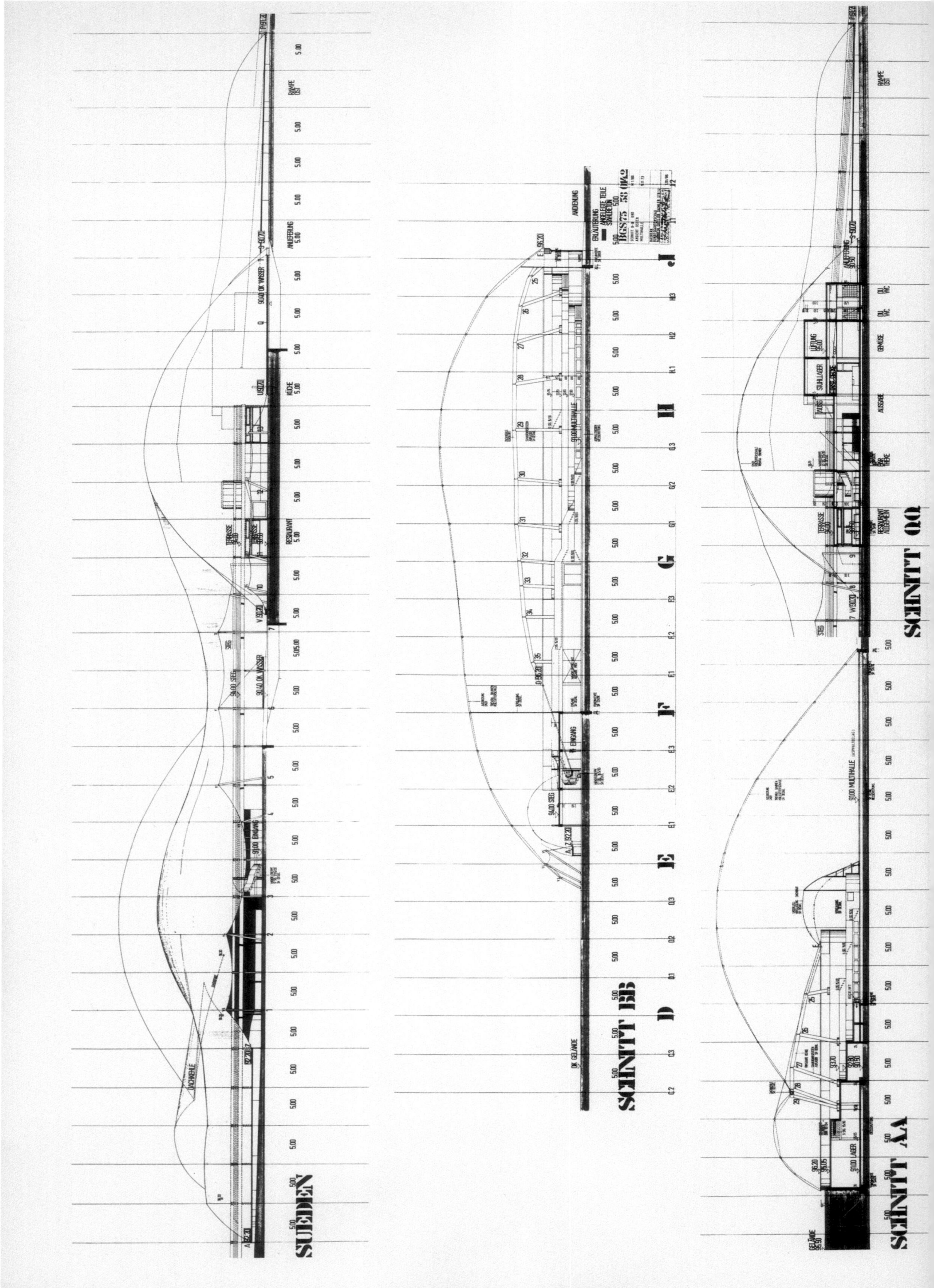
SUEDEN
SCHNITT BB
SCHNITT AA

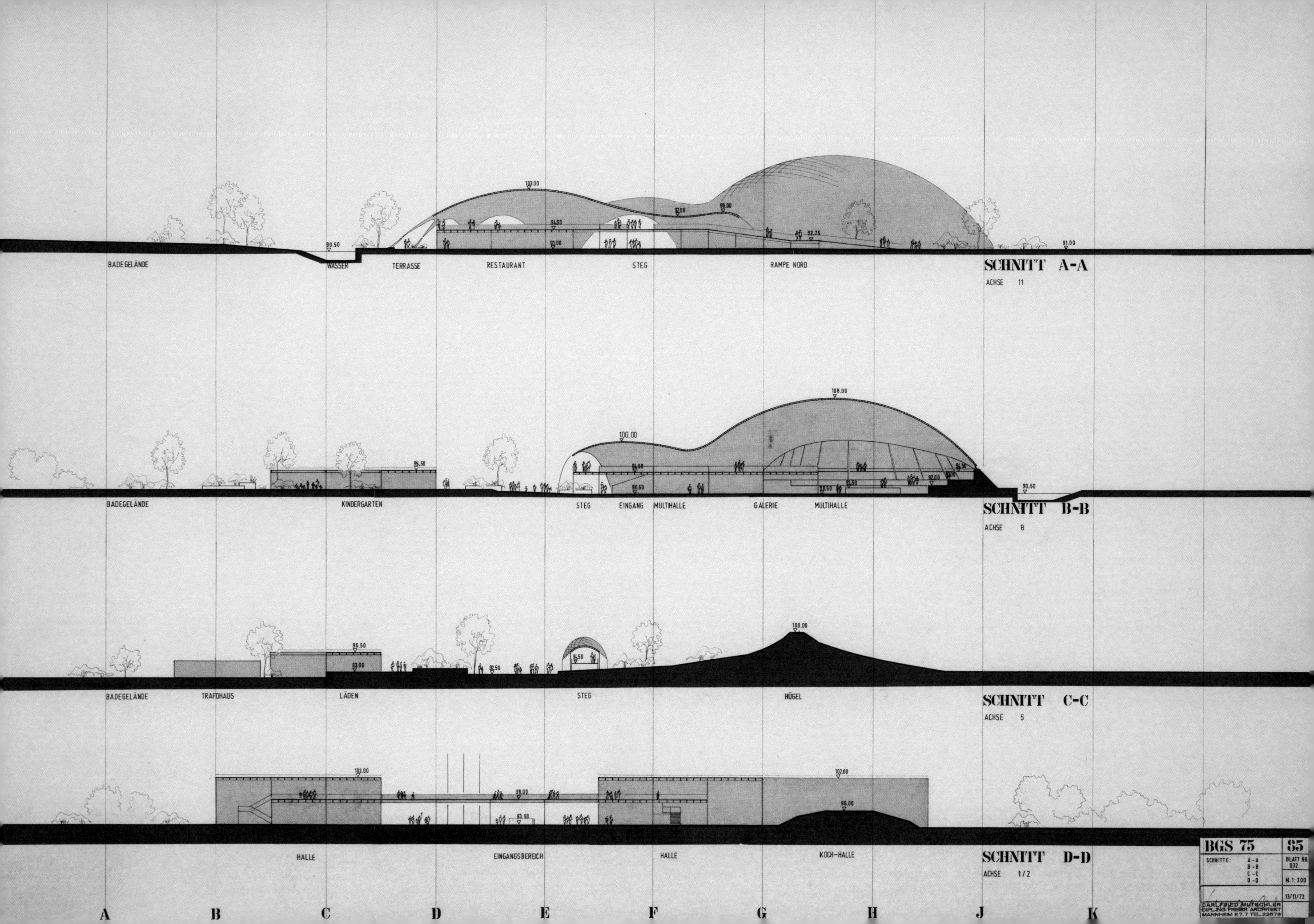

SCHNITT A-A
ACHSE 11
BADEGELÄNDE
WASSER
TERRASSE
RESTAURANT
STEG
RAMPE NORD
103.00
94.50
91.00
90.50
97.00
99.00
92.75
91.00
SCHNITT B-B
ACHSE 8
BADEGELÄNDE
KINDERGARTEN
STEG
EINGANG
MULTIHALLE
GALERIE
MULTIHALLE
95.50
100.00
108.00
94.50
90.50
90.50
SCHNITT C-C
ACHSE 5
BADEGELÄNDE
TRAFOHAUS
LÄDEN
STEG
HÜGEL
95.50
93.00
92.50
94.50
100.00
SCHNITT D-D
ACHSE 1/2
HALLE
EINGANGSBEREICH
HALLE
KOCH-HALLE
102.00
99.00
93.50
102.00
95.00
A
B
C
D
E
F
G
H
J
K
BGS 75
85
SCHNITTE: A-A B-B C-C D-D
BLATT NR 032
M. 1:200
13/11/72
CARLFRIED MUTSCHLER
DIPL.ING FREIER ARCHITEKT
MANNHEIM E 7.7 TEL.22673

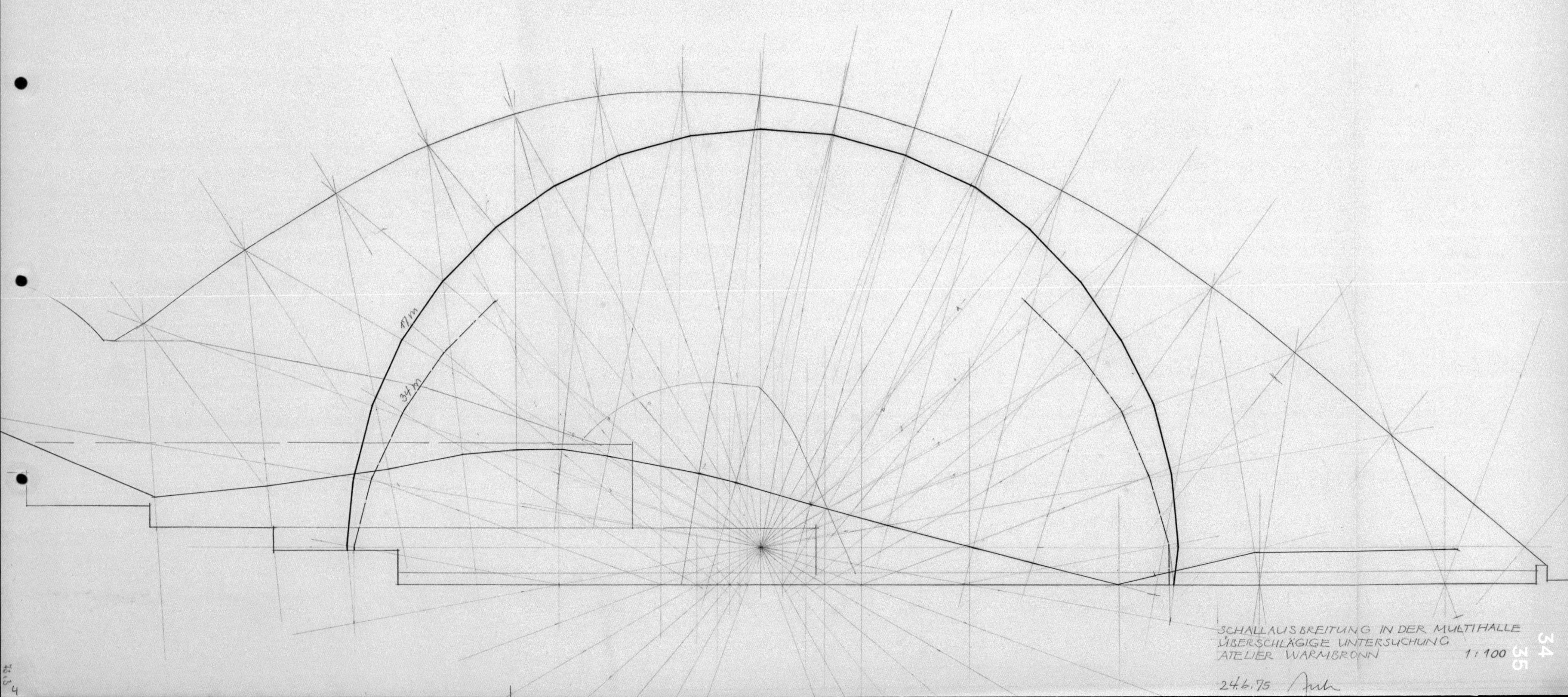

47m
34m
SCHALLAUSBREITUNG IN DER MULTIHALLE
ÜBERSCHLÄGIGE UNTERSUCHUNG
ATELIER WARMBRONN 1:100
24.6.75

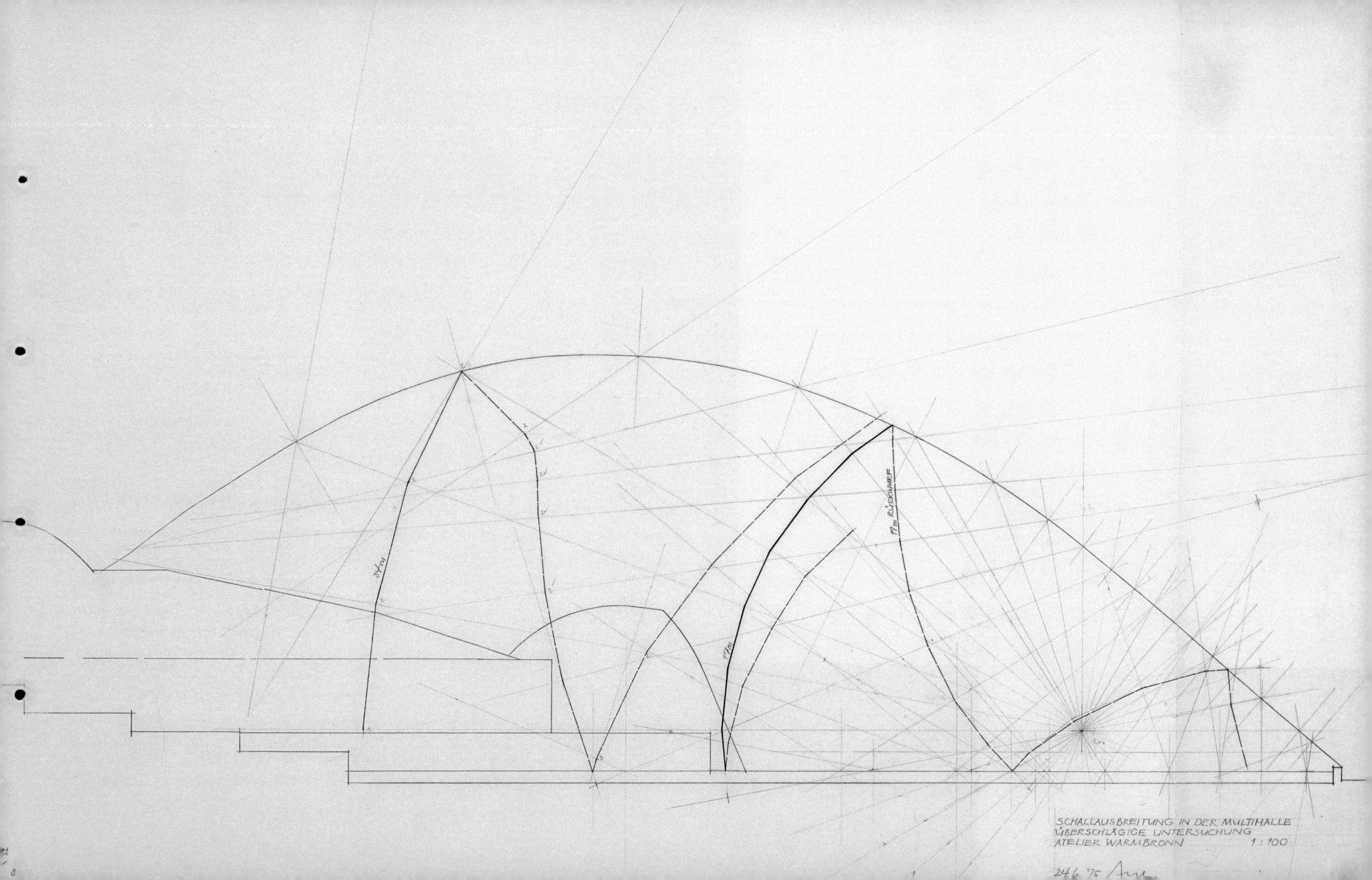
34m
17m
17m RÜCKWURF
SCHALLAUSBREITUNG IN DER MULTIHALLE
ÜBERSCHLÄGIGE UNTERSUCHUNG
ATELIER WARMBRONN 1:100
24.6.75

PLANUNGS- UND BAUABLAUF MULTIHALLE BGS '75

Vorgang	1970 – 1975
Wettbewerb (Halle = Provisorium / Restaurant = Dauerbau)	1970
Auftrag / Vertrag an CFM für Rahmenplanung Herzogenried	APR. 71
Auftrag / Vertrag an CFM für Planung der Infoachse	OKT 71
Rahmenplan genehmigt	NOV 71
Frei Otto Fachberater für Dachkonstruktion	20.7.72
Vorlage von Planung und Kostenschätzung (Halle = Provisorium/Restaurant = Dauerbau)	8/12.12.72
Aufsichtsratsitzung Planung und Kostenschätzung (Voranschlag) genehmigt 5.800.000,-- DM	17.1.73
Bearbeitung und laufende Information des Planungsausschusses und der Gesamtleitung	12.7./18.9.73
Ausschreibung	13.9.73
Aufsichtsrat genehmigt Entwurf Dauerbau: Heizung - Kühlung	2.10.73
Baueingabe	13.11.73
Aufsichtsrat genehmigt Auftrag an Arbeitsgemeinschaft	22.11.73
Baubeginn	5.12.73
Beauftragung Arge	13.12.73
Baugenehmigung Rohbau Halle	15.3.74
Baugenehmigung Rohbau Restaurant	10.5.74
Auftrag an Ove Arup + Partners	mündlich; 30.5.74 schriftlich
Statik fertiggestellt (Grundberechnung)	MAI 74 DETAILBERECHNUNG ····→
Aufsichtsratsitzung Nachtrag I vorgelegt und genehmigt. Konstruktion 1.200.000,-- DM	22.5.74
Aufsichtsratsitzung Nachtrag II vorgelegt und genehmigt. Heizung / Kühlung Nebenkosten 1.300.000,-- DM Ausst. Restaurant 400.000,-- DM	3.7.74
Rohbau fertiggestellt incl. Rasterbauten	15.8.74
Aufsichtsratsitzungen: Baustand und Arbeitsbericht. Winterbaumaßnahme und Überstunden genehmigt.	16.10/14.11.74
Beginn Anheben der Schale	14.11.74
Baugenehmigung Gitterschale	16.1.75
Beginn Dacheindeckung	21.1.75
Belastungsversuch	28.1.75
Information der Geschäftsleitung über notwendige Mehrmassen, Lohnerhöhungen und Winterbau	FEB/MÄRZ 75
Fertigstellung der Halle und Richtfest	21.3.75
Fertigstellung des Restaurants	7.4.75
Fertigstellung der Dachhaut	17.4.75
Aufsichtsratsitzung Vorlage der endgültigen Abrechnungszahlen/ Vorlage der Schlußrechnung einschl. Mehrkosten 2.050.000 DM	4.7.75
Bauzeit Rohbau: Erdarbeiten, Fundamente, Beton, Stahl.	5.12.73 – 20.9.74
Bauzeit Holzgitterschale	12.8.74 – 4.4.75
Bauzeit Dacheindeckung	21.1.75 – 17.4.75
Bauzeit Ausbauarbeiten	19.8.74 – 17.4.75

ERÖFFNUNG 18. APRIL 1975

04.10.1975

FREIER ARCHITEKT ... ING BDA
CARLFRIED MUTSCHLER + PARTNER

Georg Vrachliotis
DIE MULTIHALLE. EXPERIMENTALBAU, GESELLSCHAFTSUTOPIE UND DISKURSOBJEKT

»Die Sphäre der Technizität leidet unter Sprachnot« [-1], behauptet Hans Blumenberg in seiner 1963 veröffentlichten *Geistesgeschichte der Technik*. Er diagnostiziert dem technischen Denken eine Form der sprachlichen Armut. Diese sei nicht nur ein »Phänomen, das den nüchternen Mann der Konstruktion charakterisiere.« Sie sei auch keine Frage der Aufmerksamkeit, sondern ein Phänomen der Sprachlosigkeit der Technik selbst – ein dem Technischen implizites Unvermögen, angemessen über sich selbst zu sprechen, sich gewissermaßen zu versprachlichen. Während Künstler und Dichter auf ein regelrechtes »Arsenal an Kategorien und Metaphern« zurückgreifen könnten, um ihren schöpferischen Prozess zu charakterisieren, stünde der technischen Welt keine solch mächtige Sprachlichkeit zur Verfügung. [-2]
Doch haftet in diesem Sinne nicht jedem Konstruieren etwas Nüchternes an, als eine Form der wissenschaftlichen Objektivität und technischen Sachlichkeit? Gelten unter Architekten und Ingenieuren nicht jene Konstruktionen als besonders gelungen, die zwar nach einer schlüssigen Logik aufgebaut sind, deren innere Struktur sich dem Betrachter jedoch erst auf den zweiten Blick eröffnet? Und leidet das Technische – wie Blumenberg uns weiß machen möchte – vielleicht deshalb unter Sprachnot, weil es über die Effizienzrhetorik der Optimierung und Wirtschaftlichkeit scheinbar nicht hinauskommt?

Wir können Blumenberg widersprechen, ihm gar eine gewisse übertriebene Schwarzmalerei bei der Diagnose der technischen Sphäre vorwerfen. Doch weist er uns auf etwas Grundsätzliches hin: die Schwierigkeit, wenn nicht sogar Unlösbarkeit, angemessen mit der Sprachgebundenheit der Architektur einerseits und dem operationalisierenden Moment des Bauens andererseits umzugehen, sie womöglich in einem produktiven Gleichgewicht zu halten. So verstanden, rückt auch der intellektuelle Anspruch und das gesellschaftliche Ideal der von Carlfried Mutschler und Frei Otto als kongeniales Denkkollektiv entwickelten Multihalle in den Vordergrund – als Experimentalbau, Gesellschaftsutopie und Diskursobjekt.

Mit ihrer in alle Himmelsrichtungen zerfließenden Gestalt passt die Multihalle weder in eine der uns so vertrauten Epochenschubladen noch unter eines der zahlreichen Stiletiketten, mit denen wir die gebaute Umwelt immer wieder zu kategorisieren versuchen. Hier sind wir tatsächlich auf die

– 1 Hans Blumenberg: *Geistesgeschichte der Technik*, aus dem Nachlass herausgegeben von Alexander Schmitz und Bernd Stiegler. Suhrkamp Verlag, Frankfurt am Main, 2009, S. 14 ff.

– 2 Blumenberg kommt zu dem Schluss, dass heute »die Leute, die das Gesicht unserer Welt am stärksten bestimmen, am wenigsten zu sagen wissen, was sie tun.«, ebd.

Dachkonstruktion in einer Darstellung auf dem römischen Mosaik von Praeneste (Palestrina), 1. Jahrhundert n. Chr. (Abbildung aus dem IL 13)

Roof construction, Roman mosaic from Praeneste (Palestrina), first century B.C. (Figure IL 13).

Hilfe von Metaphern und Analogien angewiesen. [–3] Denn die Multihalle ist weder ein einfaches Dach noch ein abgeschlossenes Objekt; weder ein archetypisches Haus noch ein festes Gebäude. Betrachtet man sie aus ihrer Entstehungsgeschichte heraus, so ist die Multihalle zunächst nicht viel mehr als eine gebaute Momentaufnahme eines ebenso ungewöhnlichen wie innovativen Entwurfprozesses. Damit ist sie nicht nur ein noch ungeschriebenes Kapitel in der langanhaltenden Suche der Architektur nach der Macht des Temporären. Sie ist darüber hinaus auch eines der rätselhaftesten und zugleich faszinierendsten Gebilde in der Architekturgeschichte des experimentellen Denkens im 20. Jahrhundert.

Ein Weg, nicht nur den technischen, sondern auch den gesellschaftlichen Quellcode der Multihalle zu dechiffrieren, führt über die Frage nach der erkenntnistheoretischen Dimension des Modelldenkens bei Frei Otto. Den Sphären von Kunst und Wissenschaft gleichermaßen zugehörig, erscheinen die filigranen Modelle häufig wie Rauminstallationen, mit denen versucht wird, das Unsichtbare messbar und das Sichtbare berechenbar werden zu lassen. [–4] Vom ersten kleinen improvisierten Gittermodell, zur Hilfskonstruktion, bis zum komplexen Hängemodell mitsamt der daraus resultierenden Computerzeichnung – jeder Zustand bestätigt und stellt zugleich in Frage, was man bis dahin zu wissen glaubte. Wenige Modelle haben in der Geschichte dabei so eine Faszination ausgeübt, wie das Hängemodell der Multihalle, ein Modell, das – so Frei Otto – zwar »den Aufgaben entspricht, aber zugleich jene besondere Eigenschaft gesteigerter Qualität besitzt, die notwendig ist, um ein Bauwerk aus dem Bereich des Nur-Funktionalen, Nur-Ökonomischen, Nur-Technischen ohne Beeinträchtigung dieser Vorzüge in jenen Bereich zu führen, bei dem vielleicht Architektur beginnt.« [–5]

Was immer Frei Otto genau damit meinte, als er von einem Bauwerk sprach, fest steht: Er begriff Modelle als kulturelle Indikatoren, die in ihrem theoretischen Potential und ihrer kulturellen Bedeutung über die rein physische Haptik des einzelnen Objektes hinausgehen und zu einem symbolischen Nullpunkt einer von ihren Zwängen befreiten Architektur werden können. [–6] Es mag paradox klingen, doch ein Großteil des epistemischen Potentials dieser Modelle liegt in den vielen kleinen Ungenauigkeiten und Widerständen des

– 3 Vgl. auch Berthold Burkhardt: »Vorwort«, in: Ausgabe Nr. 13 (*Multihalle Mannheim*) der Mitteilungen des Instituts für Leichte Flächentragwerke (IL) der Universität Stuttgart, Stuttgart, 1978, S. 8.

– 4 Vgl. Henning Schmidtgen: *Forschungsmaschinen. Experimente zwischen Wissenschaft und Kunst*, Berlin, 2017.

– 5 Frei Otto: »Gedanken zum Bau der Gitterschale von Mannheim«, in: Ausgabe Nr. 13 (*Multihalle Mannheim*) der Mitteilungen des Instituts für Leichte Flächentragwerke (IL) der Universität Stuttgart, Stuttgart, 1978, S. 10.

– 6 Vgl. Georg Vrachliotis: »Denken in Modellen. Architektur und operative Ästhetik bei Frei Otto«, in: *Frei Otto. Denken in Modellen* (Ausstellungskatalog), hrsg. von Georg Vrachliotis und Joachim Kleinmanns, Martin Kunz, Philip Kurz, Leipzig, 2017, S. 23–30.

Regenschutz aus Körben. Frei Otto verwendet hier eine Abbildung aus dem Buch *Architektur ohne Architekten. Eine Einführung in die anonyme Architektur* von Bernhard Rudofksy, 1964

Baskets for rain protection. Frei Otto utilizes an image from Bernhard Rudofsky's *Architecture without Architects: A Short Introduction to Non-pedigreed Architecture*, 1964

Materials. Die Produktivität dieser Versuchsanordnungen beruht gewissermaßen darauf, dass sie das Dysfunktionale nicht ausschließt, sondern zum integralen Aspekt ihres Funktionierens werden lässt. Modelltechnik, Zeichentechnik, Messtechnik und Auswertungsmethode bilden die Grundlage für eine schöpferische Experimentalkultur, bei der es um eine fortwährende Kalibrierung von Auge und Hand, wissenschaftlicher Beobachtung und technischem Geschick geht, eine handwerklich-intellektuelle Selbstjustierung, in der das Entwerfen interdisziplinäre Erkenntnisproduktion, aber eben auch Ausgangspunkt für einen kollektiven Diskurs über die Zukunft der Gesellschaft bedeuten kann. Hier liegt gewissermaßen die utopische Kraft der Multihalle verborgen. Denn der gesellschaftliche Raum ist viel zu technisch, als dass er nur sozial verstanden werden kann — ebenso wie der technische Raum viel zu gesellschaftlich ist, als dass er nur technisch beschrieben werden könnte. Die Vorstellung, Wälder, Täler, Seen, ja ganze Städte mit Hilfe von Klimahüllen, pneumatischen Dächern oder riesigen Gitterschalen überdachen zu können, ist nicht nur eine Frage der Technik. Sie verweist auch auf die Sehnsucht und damit auch auf den Traum von der »Kultivierung der Erde«. [–7] Damit steht in erster Linie nicht eine Rhetorik der Machbarkeit im Vordergrund. Vielmehr geht es um die ideengeschichtliche Sphäre und damit um die soziale Imagination, immer auch eine andere, eine alternative Welt denken zu können. Wenn man so will, fungiert die Vorstellung eines alles in sich integrierenden Innenraums als Sinnbild für eine Welt als offenes System — ökologisch, sozial, kulturell. Offenheit, hier nicht als universelles Prinzip verstanden, sondern als ein zivilgesellschaftliches Ideal, dessen Wert wir für die Gesellschaft immer und immer wieder neu aushandeln müssen. Die Produktivität solcher Neuordnungsprozesse hängt dabei nur bedingt von der Ästhetik des gebauten Raumes ab. Entgegen des weit verbreiteten Effizienzglaubens, individuelle Aneignungsprozesse zu Gunsten einer wie auch immer formulierten Raumökonomie bis ins Kleinste definieren zu müssen, ist es womöglich gerade eine gewisse Unschärfe und Unbestimmbarkeit, die uns die notwendigen Freiräume im Denken und Handeln erst ermöglicht. Architektur und Stadt als Möglichkeitsraum — es ist diese Idee, die hier einmal mehr zur Debatte steht. Das mag noch immer phantastisch klingen, ruft uns jedoch in Erinnerung, die Geschichte der gebauten Umwelt nicht als Anpassungsgeschichte, d.h. als eine Geschichte des Reagierens zu erzählen, sondern als Entwurfs-

— 7 Karin Wilhelm: »Die Kultivierung der Erde«, in: *Architekten heute. Portrait Frei Otto*, vorgestellt von Karin Wilhelm mit autobiographischen Beiträgen von Frei Otto, 1985, S. 81 ff. Vgl. auch: Andrea Gleiniger: »Technologische Phantasien und urbanistische Utopien«, in: *Vision der Moderne. Das Prinzip Konstruktion* (Ausstellungskatalog), hrsg. von Heinrich Klotz unter Mitarbeit von Volker Fischer, Andrea Gleiniger und Hans-Peter Schwarz, München, 1986, S. 56–65.

Aufbau der Kuppel des pneumatischen Modells für eine *Stadt in der Arktis*, Frei Otto Atelier Warmbronn, 1971

Installing the pneumatic dome model of a *City in the Arctic*, Frei Otto Atelier Warmbronn, 1971

geschichte, also als eine Kulturgeschichte des kollektiven Erzeugens, Erforschens und Erfindens.

Als experimentelles Symbol für eine offene Gesellschaft verkörpert die Multihalle eine Art räumliche Reflexionsmaschine, die uns immer wieder von Neuen herausfordert, Fragenstellungen zur Zukunft unserer Gesellschaft zu entwickeln: Wie wollen wir zukünftig leben und wohnen? Was wird Stadt ausmachen? Welche Vorstellungen von Gemeinschaft werden wir in Zukunft diskutieren müssen? Und was heißt es, eine Gesellschaft zu gestalten, die ihr Gleichgewicht zwischen der Digitalisierung sämtlicher Lebensbereiche, der sozialen Herausforderung von Migration und einem immer wichtiger werdenden ökologischen Bewusstsein sucht? Die Relevanz der Multihalle für die Gegenwart liegt in nichts Geringerem, als ein optimistisches Narrativ unserer zukünftigen Gesellschaft und unseres Zusammenlebens zu verkörpern.

Georg Vrachliotis
THE MULTIHALLE. EXPERIMENTAL BUILDING, SOCIAL UTOPIA, AND DISCURSIVE OBJECT

"The sphere of technicity suffers from a language deficit," [–1] wrote Hans Blumenberg in his *History of Technology* published in 1963. In it, he diagnosed technical thinking as a form of linguistic poverty. This was not merely a "phenomenon that characterizes the sober man of construction." Nor was it a matter of attention, but a phenomenon of the speechlessness of technology itself — an implicit technical inability to adequately speak about itself, to put itself into language. While artists and poets can fall back on a veritable "arsenal of categories and metaphors" to characterize their creative process, the technical world does not have such powerful linguistic power, he maintained. [–2] But in this sense, is there not something sobering about each instance of construction, as a form of scientific objectivity and technical practicality? Don't architects and engineers consider those buildings particularly successful that arise from a coherent logic, yet whose inner structure is only revealed to the viewer at second glance? And does technology — as Blumenberg would like to make us aware — suffer from language difficulties perhaps because it does not go beyond the efficiency rhetoric of optimization and economy?

We could contradict or even accuse Blumenberg of exaggerated pessimism in his diagnosis of the technical sphere. Yet he does point out something fundamental: the difficulty, if not insolvability, of dealing appropriately with the language-bound nature of architecture on the one hand, and with the operationalizing moment of construction on the other hand — of keeping them in a productive equilibrium. With this in mind, we can recognize the intellectual aspiration and social ideal embodied by the Multihalle, which was developed by the congenial thought collective of Carlfried Mutschler and Frei Otto — as an experimental building, a social utopia, and a discursive object.

With its shape flowing in all directions, the Multihalle does not fit into any of the familiar epochal drawers or countless styles, with which we try to categorize the built environment over and over again. Here we are dependent on the help of metaphors and analogies. [–3] For the Multihalle is neither a simple roof nor a closed object; neither an archetypal house nor a solid building. Considered in the context of its history, at first the Multihalle seems to be little more than a built snapshot of an equally unusual and innovative design process. But as such, it is more than an unwritten chapter in

— 1 Hans Blumenberg, *Geistesgeschichte der Technik*, posthumously edited by Alexander Schmitz and Bernd Stiegler (Frankfurt am Main: Suhrkamp, 2009), p. 14 ff.

— 2 Blumenberg concludes that today, "the people who most strongly determine the face of our world know least of all what they are doing.", ibid.

— 3 See Berthold Burkhardt, "Vorwort," IL 13 (*Multihalle Mannheim*), Mitteilungen des Instituts für Leichte Flächentragwerke (IL), University of Stuttgart, vol. 13 (1978), p. 8.

Modell für das Projekt *Studie 58° North, Kanada*, Frei Otto Atelier Warmbronn, 1981.

Design model: *58° North, Canada*, Frei Otto Atelier Warmbronn, 1981

architecture's prolonged search for the power of the temporary. Indeed, the Multihalle is also one of the most enigmatic and fascinating objects in the architectural history of experimental thinking in the 20th century.

One way of deciphering not only the technical but also the social source code of the Multihalle is to investigate the epistemological dimension of Frei Otto's approach to thinking based on models. Equally associated with the spheres of art and science, his filigree models often seem like spatial installations aspiring to make the invisible measurable and the visible predictable. [4] From the first small improvised grid model to the supporting frame, and then the complex suspended model and the ensuing computer drawing – each stage confirms and simultaneously questions what was thought to be known up until then. Few models have sparked such fascination as the suspended model of the Multihalle, a model that – as Frei Otto said – "suits its task, but at the same time possesses that special heightened quality which is necessary to elevate a structure from the realm of the purely functional, purely economical, purely technical – without compromising its advantages in those areas – to that realm where architecture perhaps begins." [5]

Whatever Frei Otto precisely meant about it at the time, one thing is certain: he saw models as cultural indicators which, in terms of their theoretical potential and cultural significance, can transcend the purely physical haptics of the individual object to become a symbolic zero point for an architecture liberated from its constraints. [6] This may sound paradoxical, but much of the epistemic potential of these models lies in the many small inaccuracies and resistances of their materials. The productivity of these experimental arrangements is based to a certain extent on the fact that they do not exclude the dysfunctional, but rather make it an integral aspect of their functioning. The techniques of modelling, drawing, measuring, and evaluation form the basis of a creative experimental culture that is concerned with a continuous calibration of eye and hand, scientific observation, and technical skill – a manual and intellectual self-adjustment, in which modelling can mean both interdisciplinary knowledge production as well as the starting point for a collective discourse on the future of society. Herein lies the utopian power of the Multihalle. As a civic space, it is far too

– 4 See Henning Schmidtgen, *Forschungsmaschinen. Experimente zwischen Wissenschaft und Kunst* (Berlin: Matthes & Seitz, 2017).

– 5 Frei Otto, "Gedanken zum Bau der Gitterschale von Mannheim," IL 13 (*Multihalle Mannheim*), Mitteilungen des Instituts für Leichte Flächentragwerke (IL), University of Stuttgart, vol. 13 (1978), p. 10.

– 6 See Georg Vrachliotis, "Thinking in Models. Architecture and Operative Aesthetics in the Work of Frei Otto," in *Frei Otto. Thinking by Modelling* (exhibition catalogue), ed. Georg Vrachliotis and Joachim Kleinmanns, Martin Kunz, Philip Kurz (Leipzig: Spector Books, 2017), p. 23–30.

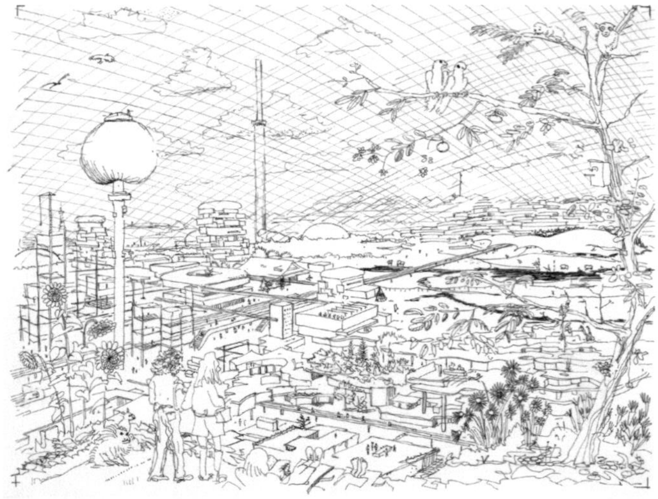

Stadtutopie, *Stadt in der Arktis*, Frei Otto Atelier Warmbronn, 1971

Urban utopia, *City in the Arctic*, Frei Otto Atelier Warmbronn, 1971

technical to be understood only in a social sense – and as a technical space it is far too social to be described only in technical terms. The idea of being able to cover forests, valleys, lakes, and even entire cities with the help of climate envelopes, pneumatic roofs, or huge gridshells is not simply a matter of technology. It also points to a certain sense of longing, a dream of "cultivating the earth". [–7] What stands out is not so much a rhetoric of feasibility, but the history of ideas and a social imagination able to conceive a different, alternative world, again and again. The vision of an interior that integrates everything thus functions as a symbol of the world as an open system – ecologically, socially, and culturally. Openness is understood here not as a universal principle, but as a civic ideal, whose value we must constantly renegotiate for society. The productivity of such restructuring processes depends only to a limited extent on the aesthetics of the built space. Contrary to the widespread religion of efficiency that defines individual processes of appropriation down to the smallest detail for the benefit of whatever kind of formulated economy of space, it is conceivable that it is precisely a degree of uncertainty and indeterminacy that allows us the necessary freedom of thought and action in the first place. Architecture and city as a space of possibilities – it is this idea that is once again the subject of debate. This may still sound fantastic, yet it reminds us that the history of the built environment is not a history of adaptation and reaction, but a history of designing – a cultural history of collective production, exploration, and invention.

As an experimental symbol for an open society the Multihalle is like a spatial reflection machine that challenges us again and again to develop questions concerning the future of our society: How do we want to live and dwell in the future? What will be the defining criteria of a city? What notions of community will we have to discuss in the future? And what does it mean to create a society that seeks balance between the digitalization of all areas of life, the social challenge of migration, and an increasingly important ecological awareness? The relevance of the Multihalle for the present is nothing less than its embodiment of an optimistic narrative of our future society and our coexistence.

– 7 Karin Wilhelm, "Die Kultivierung der Erde," *Architekten heute. Portrait Frei Otto*, introduction by Karin Wilhelm with autobiographical essays by Frei Otto (Berlin: Quadriga, 1985), p. 81 ff.

Drahtgittermodell mit Fäden befestigt, Frei Otto Atelier Warmbronn, Planungsstand Winter 1972

Drahtgittermodell mit Stecknadeln auf der Bodenplatte befestigt, Frei Otto Atelier Warmbronn, Planungsstand Winter 1972

Wire mesh model fixed with threads, Frei Otto Atelier Warmbronn, winter 1972

Wire mesh model fixed to the base plate with pins, Frei Otto Atelier Warmbronn, winter 1972

Um die Grundidee einer mit lichtdurchlässigem Gewebe überspannten Gitterschale zu visualisieren, wird in einem ersten gemeinsamen Workshop von Frei Otto und Carlfried Mutschler ein kleines Konzeptmodell aus einem feinmaschigen Fliegengitter geformt und mit bunten Stecknadeln probeweise auf einer Bodenplatte aus Balsaholz fixiert. Trotz der modeltechnischen Schlichtheit lässt sich die Gesamtform der späteren Multihalle bereits gut erkennen: Das langgezogene Dach des Stegs verbindet sich an der nördlichen Seite mit dem großen Dach der Multihalle und an der südlichen Seite mit der etwas kleineren Überdachung des Restaurants.

In a first collaborative workshop by Frei Otto and Carlfried Mutschler to visualize the basic concept for a gridshell covered in translucent fabric, a small model was formed from a fine-meshed fly screen and fixed with colored pins to a balsa wood base plate. Despite the model's simplicity, the overall shape of the future Multihalle was already clearly visible. The elongated roof of the walkway would connect at the northern side with the Multihalle's expansive roof and at the south with the slightly smaller restaurant roof.

Drahtgittermodell, Frei Otto Atelier Warmbronn, Planungsstand 23. November 1972

Wire mesh model, Frei Otto Atelier Warmbronn, 23 November 1972

Das Konzept von Carlfried Mutschler sieht vor, dass die Multihalle nicht wie ein fremd wirkendes Objekt in der Landschaft erscheint, sondern optisch mit der Topographie der aufgeschütteten Hügel und künstlichen Wasserverläufen verschmelzen soll. Dieser Gedanke wird auch an den weiteren Modellen deutlich, die Frei Otto und seine Mitarbeiter in Warmbronn anfertigen und die eine Betonung der Topographie zeigen. Neben der ringförmig angelegten Bodenterrassierung im Innenraum ist auch die Konstruktion der Gitterschale weiter ausdifferenziert.

Carlfried Mutschler envisioned the Multihalle not as an alien object in the landscape, but as one visually integrated into the topography of artificial hills and watercourses. This idea is also evident in the other models that Frei Otto and his employees made in Warmbronn, which reveal an emphasis on the topography. In addition to the circular terraced floor in the interior, the gridshell construction was also further differentiated.

BUNDESGARTENSCHAU MANNHEIM 75
MODELL 4
23.11.72

Drahtgittermodell unter freiem Himmel, Frei Otto Atelier Warmbronn, Planungsstand 1972 / 1973

Blick in das Drahtgittermodell unter freiem Himmel, Frei Otto Atelier Warmbronn, Planungsstand 1972 / 1973

Wire mesh model under the open sky, Frei Otto Atelier Warmbronn, 1972 / 1973

View into the wire mesh model under the open sky, Frei Otto Atelier Warmbronn, 1972 / 1973

Bevor Frei Otto seine Modelle fotografiert, trägt er die oftmals mehrere Meter großen Modelle aus den Arbeitsräumen auf die Terrasse seines Ateliers in Warmbronn. Dort orientiert er sie nach dem jeweiligen Sonnenstand. Eines der seltenen Fotos zeigt die Situation, in der das Gesamtmodell der Multihalle geneigt wurde, um von einem niedrigeren Standpunkt aus besser fotografiert werden zu können.

Before photographing his models, which often spanned several meters, Frei Otto brought them out of the workrooms to the terrace of his studio in Warmbronn. There he oriented them according to the position of the sun. A rare photograph shows how the entire model of the Multihalle was tilted in order to be better photographed from a lower point of view.

Drahtgittermodell unter freiem Himmel, Kontaktbogen mit je sechs Abzügen auf Vordrucke des Instituts für leichte Flächentragwerke (IL) der Universität Stuttgart, Frei Otto Atelier Warmbronn, Planungsstand um 1972 / 73

→ 54 – 55
Drahtgittermodell unter freiem Himmel, Kontaktbögen mit je sechs Abzügen auf Vordrucke des Instituts für leichte Flächentragwerke (IL) der Universität Stuttgart, Frei Otto Atelier Warmbronn, Planungsstand um 1972 / 73

Wire mesh model under the open sky, contact sheet with six prints on pre-printed forms of the Institute for Lightweight Structures (IL), University of Stuttgart, Frei Otto Atelier Warmbronn, ca. 1972 / 73

→ 54 – 55
Wire mesh model outdoors, contact sheets with six prints on pre-printed forms of the Institute for Lightweight Structures (IL), University of Stuttgart, Frei Otto Atelier Warmbronn, ca. 1972 / 73

Aufnahmen aus unterschiedlichen Perspektiven und unter freiem Himmel nehmen dem Modell seine objekthafte Maßstäblichkeit und verleihen ihm eine wirklichkeitsnahe Qualität. Je nach Standpunkt lassen sich auf diese Weise auch die Deutungshoheit und der Interpretationsspielraum des Modells steuern.

Photographs shot from different perspectives and under the open sky remove the model's object-like scale and lend it a realistic quality. Depending on the point of view, this was also used to influence how and to what extent the model was perceived.

NR	BEL 60-11 209	
DAT	F	N

PROJEKT

BEM

NR	BEL 60- 11 210	
DAT	F	N

PROJEKT

BEM

NR	BEL 60- 11 211	
DAT	F	N

PROJEKT

BEM

NR 60-	BEL 11 212	
DAT	F	N

PROJEKT

BEM

NR	BEL 60- 11 213	
DAT	F	N

PROJEKT

BEM

NR	BEL 60- 11 214	
DAT	F	N

PROJEKT

BEM

NR | BEL LO - 11 215
DAT | F | N
PROJEKT
BEM

NR | BEL LO - 11216
DAT | F | N
PROJEKT
BEM

NR | BEL LO - 11217
DAT | F | N
PROJEKT
BEM

NR | BEL LO - 11218
DAT | F | N
PROJEKT
BEM

NR | BEL LO - 11219
DAT | F | N
PROJEKT
BEM

NR | BEL LO - 11220
DAT | F | N
PROJEKT
BEM

NR | BEL 60 - 11 221
DAT | F | N
PROJEKT Bugs Mannheim 75
BEM

NR 60- | BEL 11 222
DAT | F | N
PROJEKT
BEM

NR | BEL 60 - 11 223
DAT | F | N
PROJEKT
BEM

NR | BEL 60 - 11 224
DAT | F | N
PROJEKT
BEM

NR | BEL 60 - 11 225
DAT | F | N
PROJEKT
BEM

NR | BEL 60 - 11 226
DAT | F | N
PROJEKT
BEM

Knüpfen einzelner Teilnetze für das große Hängemodell im Maßstab 1:100, Frei Otto Atelier Warmbronn, um 1973

Assembly of wire mesh sections for the large suspended model, scale 1:100, Frei Otto Atelier Warmbronn, ca. 1973

Um die geometrische Komplexität des filigranen Hängemodells modelltechnisch besser bewältigen zu können, wird das Netz aus mehreren unterschiedlich großen Teilnetzen zusammengesetzt. Jedes Teilnetz besteht aus speziell hergestellten Drähten und Ringen, die in einem vorgezeichneten Raster miteinander verbunden werden.

In order to better cope with the geometric complexity of the elaborate suspended model, the mesh is composed of several differently sized sections. Each mesh section consists of specially manufactured wires and rings that are joined together in a predefined grid.

Knüpfen einzelner Teilnetze für das große Hängemodell im Maßstab 1:100, Frei Otto Atelier Warmbronn, um 1973

Assembly of wire mesh sections for the large suspended model, scale 1:100, Frei Otto Atelier Warmbronn, ca. 1973

Detailaufnahme des Randabschnitts des großen Hängemodells im Maßstab 1:100, Frei Otto Atelier Warmbronn, um 1973

Detail of the edge section of the large suspended model, scale 1:100, Frei Otto Atelier Warmbronn, ca. 1973

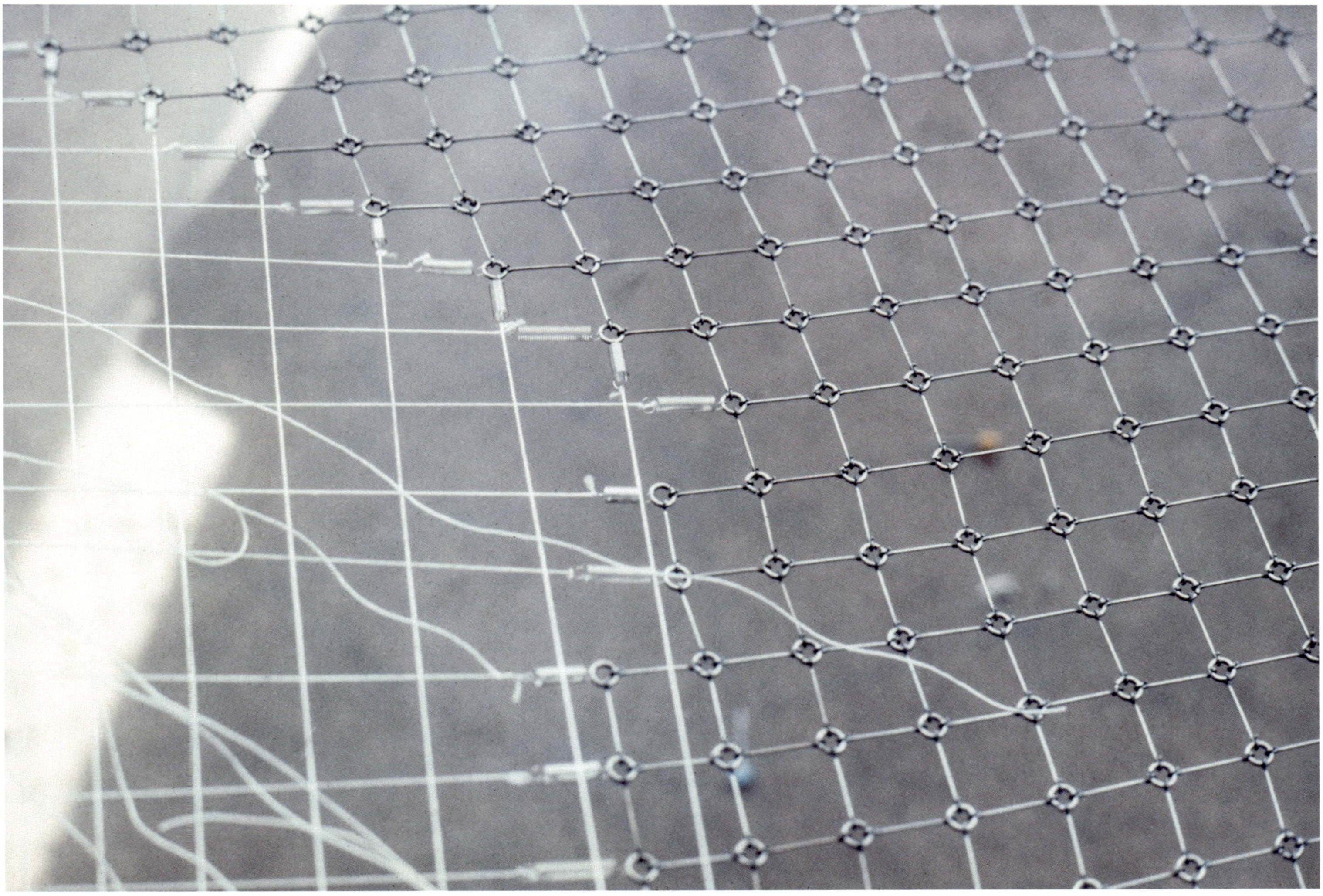

Konstruktion eines Hilfsrahmens aus Holz mit eingehängtem Gitternetz im Maßstab 1:100, Frei Otto Atelier Warmbronn, um 1973

Construction of a wooden supporting frame with suspended wire mesh, scale 1:100, Frei Otto Atelier Warmbronn, ca. 1973

Die Schwierigkeit bei der Herstellung des Netzes besteht darin, dass die im hängenden Zustand dreidimensionale Form sich nicht auf einer zweidimensionalen Fläche entwickeln läßt, beispielsweise auf einer Tischplatte. Dieses Problem löst Frei Otto dadurch, dass die fertigen Teilnetze zuerst an einem provisorischen Hilfsrahmen aufhängt werden, so dass sich die dreidimensionale Form des Netzes hängend entwickeln kann.

The difficulty in producing the mesh was that its three-dimensional hanging shape could not be developed on a two-dimensional surface, such as a tabletop. Frei Otto solved this problem by first mounting the completed mesh sections on a temporary supporting frame, so that the three-dimensional shape could be developed in suspension.

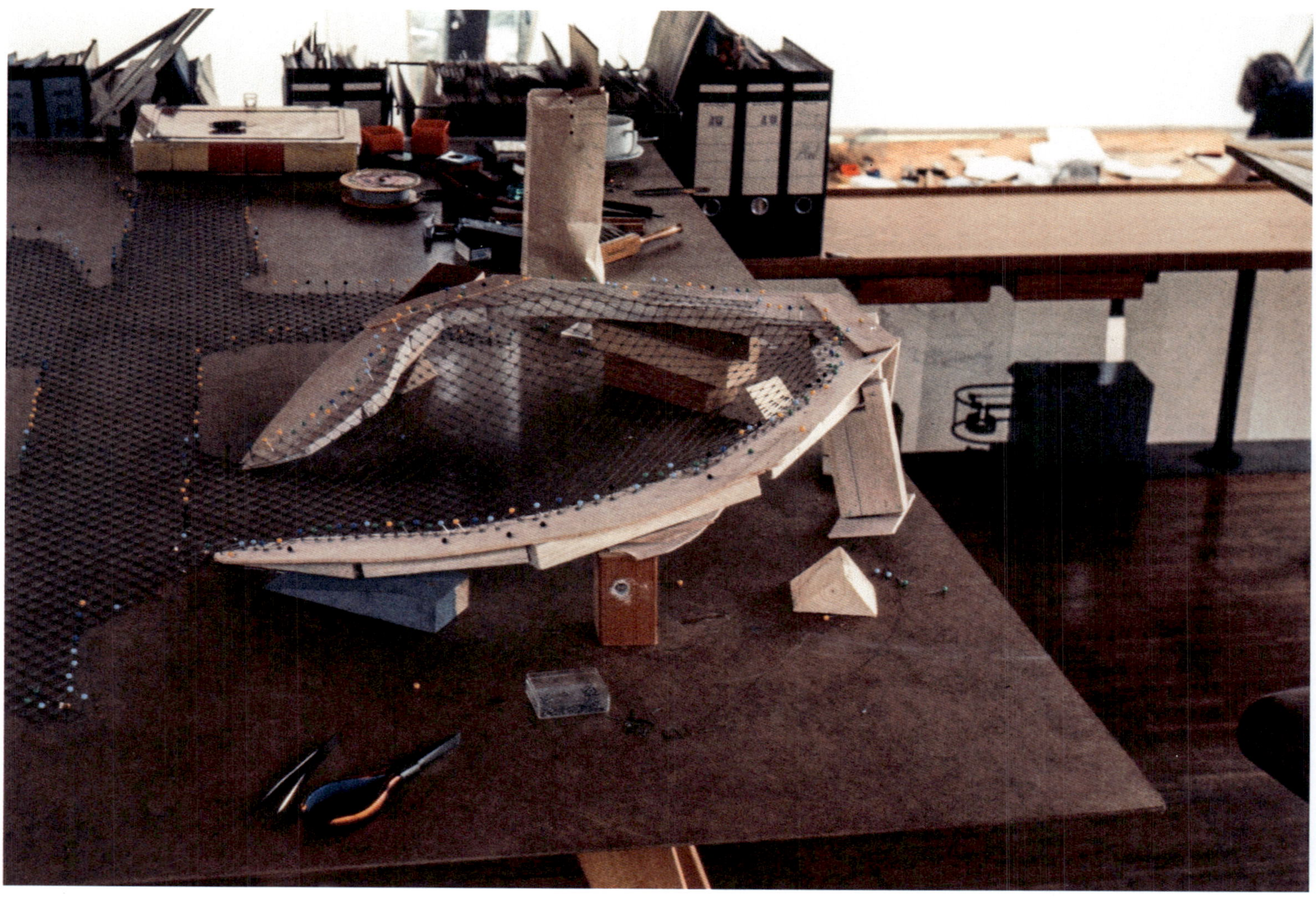

Konstruktion eines Hilfsrahmens aus Holz mit eingehängtem Netz im Maßstab 1:100, Frei Otto Atelier Warmbronn, um 1973

Construction of a wooden supporting frame with suspended wire mesh, scale 1:100, Frei Otto Atelier Warmbronn, ca. 1973

Der Hilfsrahmen wird Stück für Stück erweitert und das Netz im hängenden Zustand auf kleine, in einer feingeschliffenen Marmorplatte eingelassene Messingstützen übertragen.

The supporting frame was extended piece by piece and the suspended mesh was transferred to small brass supports mounted on a finely polished marble slab.

Detailaufnahme des Hilfsrahmens mit eingehängtem Netz und mit Schraubmuttern als Gegengewichte, Frei Otto Atelier Warmbronn, um 1973

Detail of the supporting frame with suspended mesh and nuts used as counterweights, Frei Otto Atelier Warmbronn, ca. 1973

Feinjustierung des eingehängten Netzes, Frei Otto Atelier Warmbronn, um 1973

Fine adjusting the suspended mesh, Frei Otto Atelier Warmbronn, ca. 1973

→ 68 – 75
Bau des Hilfsrahmens aus Holz und Prozess der Übertragung der Hängeform auf eine Konstruktion aus Plexiglasstreifen und Messingstützen, Kontaktbögen mit je sechs Abzügen auf Vordrucke des Instituts für leichte Flächentragwerke (IL) der Universität Stuttgart, Frei Otto Atelier Warmbronn, um 1973

→ 68 – 75
Construction of the wooden supporting frame and process of transferring the suspended form to a structure made from plexiglas strips and brass supports, contact sheets with six prints each on pre-printed forms of the Institute for Lightweight Structures (IL) at the University of Stuttgart, Frei Otto Atelier Warmbronn, ca. 1973

Um das Arbeiten an den filigranen Fäden des Hängemodells zu erleichtern, werden an den Fadenenden handelsübliche Schraubmuttern als Gewichte befestigt, wodurch dem Netz eine Vorspannung und damit auch Stabilität verliehen wird.

In order to facilitate work on the delicate threads of the suspended model, commercially available screw nuts were attached to the ends of the threads as weights, thus prestressing the net for stability.

NR	BEL 60 - 11 431	
DAT	F	N

PROJEKT

BEM

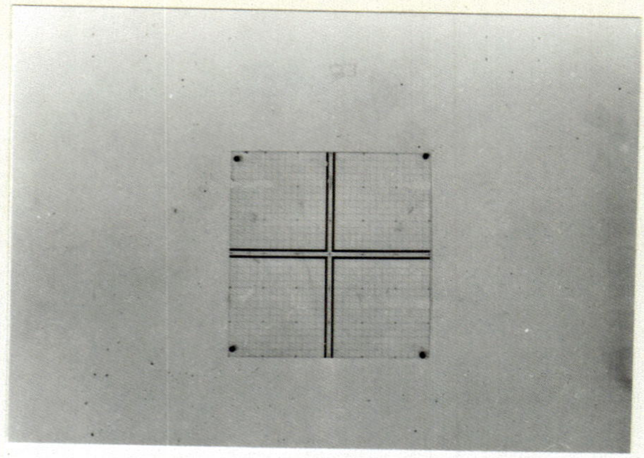

NR	BEL 60 - 11 432	
DAT	F	N

PROJEKT

BEM

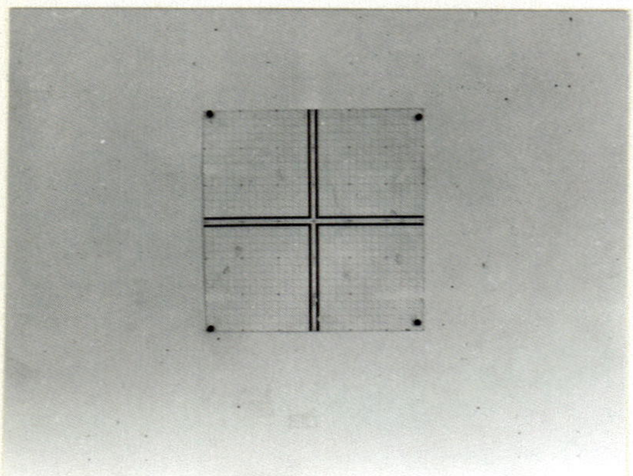

NR	BEL 60 - 11 433	
DAT	F	N

PROJEKT

BEM

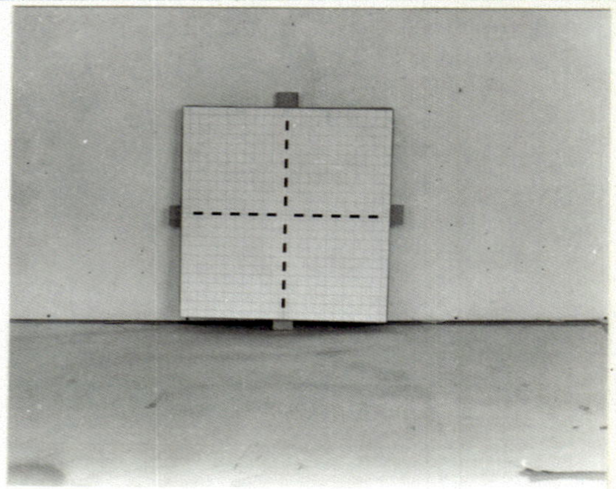

NR	BEL 60 - 11 434	
DAT	F	N

PROJEKT

BEM

NR	BEL 60 - 11 435	
DAT	F	N

PROJEKT

BEM

NR	BEL 60 - 11 436	
DAT	F	N

PROJEKT

BEM

NR	BEL 60 - 11 437	
DAT	F	N
PROJEKT		
BEM		

NR	BEL 60 · 11 438	
DAT	F	N
PROJEKT		
BEM		

NR	BEL 60 - 11 439	
DAT	F	N
PROJEKT		
BEM		

NR	BEL 60 - 11 440	
DAT	F	N
PROJEKT		
BEM		

NR	BEL 60 - 11 441	
DAT	F	N
PROJEKT		
BEM		

NR	BEL 60 - 11 442	
DAT	F	N
PROJEKT		
BEM		

NR	BEL 60 - 11 443	
DAT	F	N

PROJEKT Mannheim

BEM Buga 75

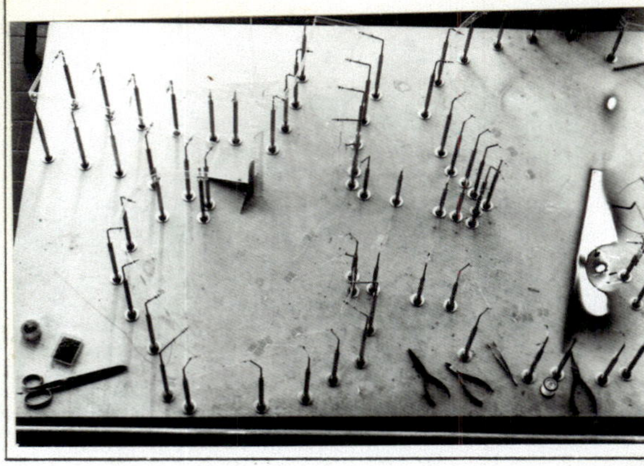

NR	BEL 60 - 11 444	
DAT	F	N

PROJEKT

BEM

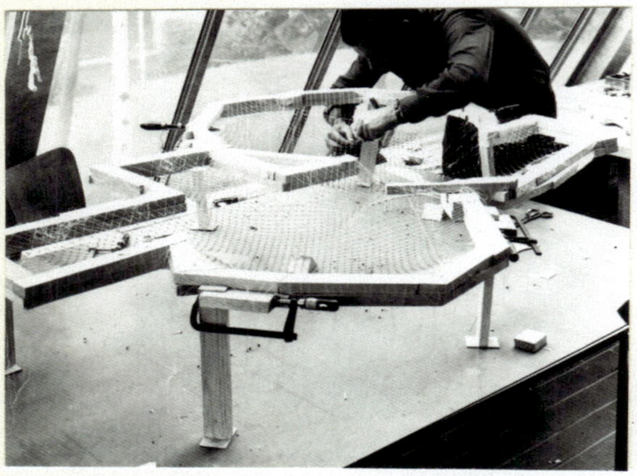

NR	BEL 60 - 11 445	
DAT	F	N

PROJEKT

BEM

NR	BEL 60 - 11 446	
DAT	F	N

PROJEKT

BEM

NR	BEL 60 - 11 447	
DAT	F	N

PROJEKT

BEM

NR	BEL 60 - 11 448	
DAT	F	N

PROJEKT

BEM

NR	BEL 60-11 449	
DAT	F	N
PROJEKT	Mannheim	
BEM		

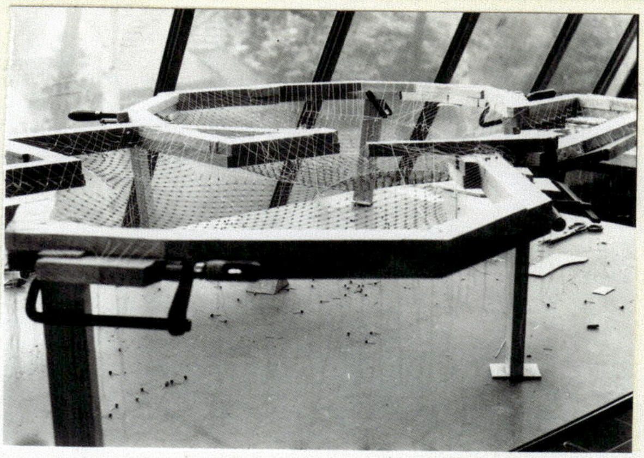

NR	BEL 60-11 450	
DAT	F	N
PROJEKT		
BEM		

NR	BEL 60-11 451	
DAT	F	N
PROJEKT		
BEM		

NR	BEL 60-11 452	
DAT	F	N
PROJEKT		
BEM		

NR	BEL 60-11 453	
DAT	F	N
PROJEKT		
BEM		

NR	BEL 60-11 454	
DAT	F	N
PROJEKT		
BEM		

NR	BEL LO - 11 455	
DAT	F	N
PROJEKT Mannheim		
BEM		

NR	BEL LO - 11 456	
DAT	F	N
PROJEKT		
BEM		

NR	BEL LO - 11 457	
DAT	F	N
PROJEKT		
BEM		

NR	BEL LO - 11 458	
DAT	F	N
PROJEKT		
BEM		

NR	BEL LO - 11 459	
DAT	F	N
PROJEKT		
BEM		

NR	BEL LO - 11 460	
DAT	F	N
PROJEKT		
BEM		

NR	BEL 10 - 11 461	
DAT	F	N

PROJEKT Mannheim
BEM

NR	BEL 10 - 11 462	
DAT	F	N

PROJEKT
BEM

NR	BEL 10 - 11 463	
DAT	F	N

PROJEKT
BEM

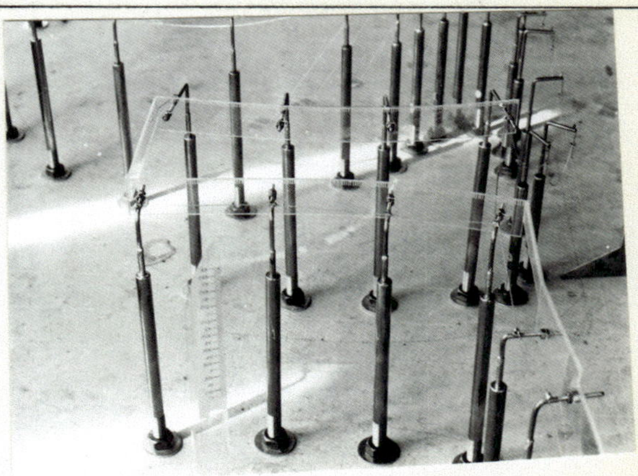

NR	BEL 10 - 11 464	
DAT	F	N

PROJEKT
BEM

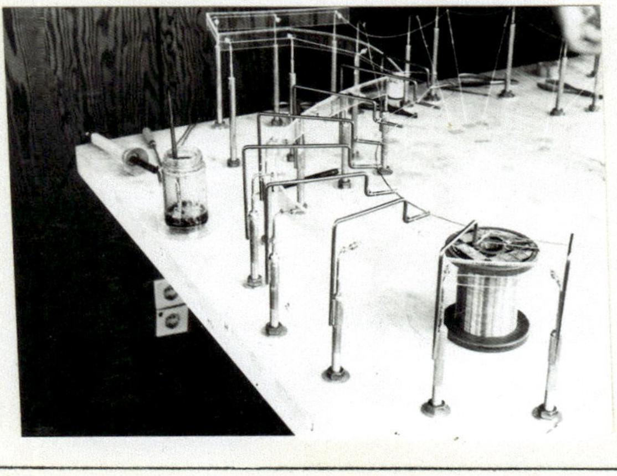

NR	BEL 10 - 11 465	
DAT	F	N

PROJEKT
BEM

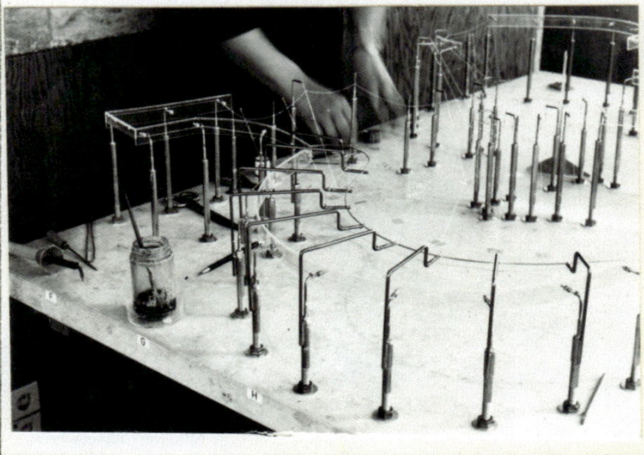

NR	BEL 10 - 11 466	
DAT	F	N

PROJEKT
BEM

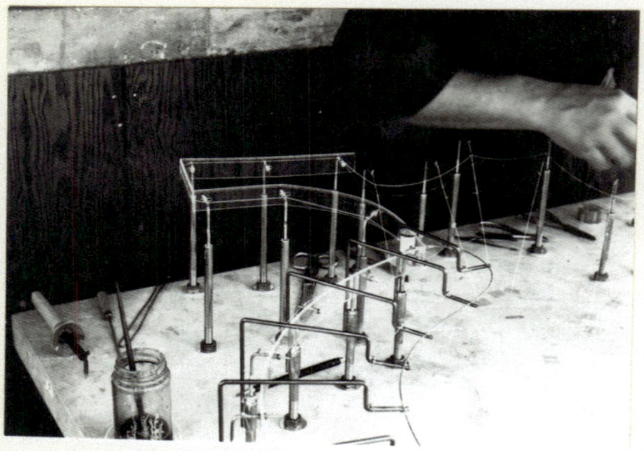

NR	BEL 10 - 11 467	
DAT	F	N
PROJEKT		
BEM		

NR	BEL 10 - 11 468	
DAT	F	N
PROJEKT		
BEM		

NR	BEL 10 - 11 469	
DAT	F	N
PROJEKT		
BEM		

NR	BEL 10 - 11 470	
DAT	F	N
PROJEKT		
BEM		

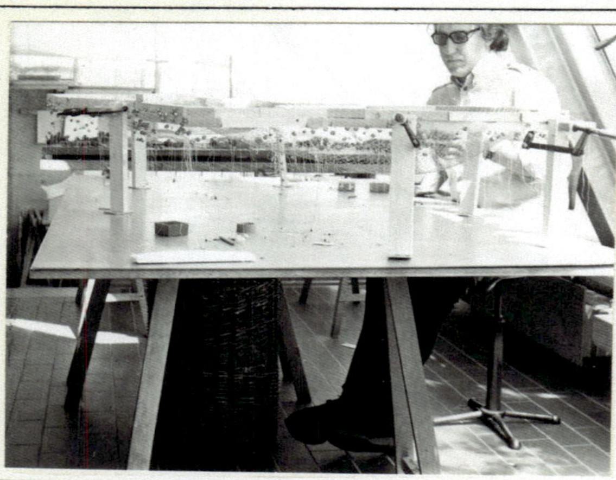

NR	BEL 10 - 11 471	
DAT	F	N
PROJEKT		
BEM		

NR	BEL 10 - 11 472	
DAT	F	N
PROJEKT		
BEM		

NR | BEL 10 - 11 425
DAT | F | N
PROJEKT Mannheim
BEM

NR | BEL 10 - 11 426
DAT | F | N
PROJEKT
BEM

NR | BEL 10 - 11 427
DAT | F | N
PROJEKT
BEM

NR | BEL 10 - 11 428
DAT | F | N
PROJEKT
BEM

NR | BEL 10 - 11 429
DAT | F | N
PROJEKT
BEM

NR | BEL 10 - 11 430
DAT | F | N
PROJEKT
BEM

Feinjustierung der Randbereiche des Hängemodells, Frei Otto Atelier Warmbronn, 1973

Detailaufnahme der Messingstützen im Randbereich des Hängemodells, Frei Otto Atelier Warmbronn, 1973

Detailaufnahme der Messingstützen und Plexiglasstreifen des großen Hängemodells zur Formfindung, Frei Otto Atelier Warmbronn, 1973

Fine adjusting the edges of the suspended model, Frei Otto Atelier Warmbronn, 1973

Detail of the brass supports along the edges of the suspended model, Frei Otto Atelier Warmbronn, 1973

Detail of the brass supports and plexiglas strips of the large suspended model for form finding, Frei Otto Atelier Warmbronn, 1973

Jedem Element im Modell weist Frei Otto entweder eine statische Funktion oder ein Bauteil der Multihalle zu, beispielsweise simuliert ein dünner Messingdraht im Modell die statischen Systemlinien der realen Trägerbalken, eine feine Kette die Bögen an den Konstruktionsrändern und ein Plexiglasstreifen die Oberkante des Betonfundaments.

Frei Otto assigned each element in the model either a static function or a component of the Multihalle. For example, thin brass wire was used to represent the static lines of the actual girders, a fine chain simulated the arches at the boundaries of the construction, and a plexiglas strip was used to represent the upper edge of the concrete foundation.

Feinjustierung der Randbereiche des Hängemodells nach vollständiger Entfernung des hölzernen Hilfsrahmens, Frei Otto Atelier Warmbronn, 1973

Fine adjusting the edges of the suspended model after complete removal of the wooden supporting frame, Frei Otto Atelier Warmbronn, 1973

Korrektur von Unregelmäßigkeiten am großen Hängemodell, Frei Otto Atelier Warmbronn, 1973

Correcting irregularities on the large suspended model, Frei Otto Atelier Warmbronn, 1973

Nachdem die Hilfskonstruktion aus Holz entfernt wurde und das Hängemodell vollständig auf die Messingstützen übertragen wurde, werden durch Feinjustierung letzte Unregelmäßigkeiten und Unebenheiten im Linienverlauf des frei hängenden Netzes korrigiert und behoben.

After the wooden support structure was removed and the suspended model fully transferred to the brass supports, the suspended mesh was fine-tuned to correct any minor inconsistencies or unevenness in the smooth form.

Werkzeuge zur Feinjustierung des großen Hängemodells, Frei Otto Atelier Warmbronn, um 1973

Tools for fine adjusting the large suspended model, Frei Otto Atelier Warmbronn, ca. 1973

Detailaufnahme des Hängemodells mit blauen Messpunkten, Frei Otto Atelier Warmbronn, 1973

Detail of the suspended model with blue measuring points, Frei Otto Atelier Warmbronn, 1973

Fertiges Hängemodell, Frei Otto Atelier Warmbronn, Dezember 1973

Completed suspended model, Frei Otto Atelier Warmbronn, December 1973

Das fertige Modell der Multihalle hängt Kopf über an den Messingstützen. Die speziellen materiellen Eigenschaften der Marmorplatte schützt das Modell außerdem vor unkontrollierten Formveränderungen durch schwankende Luftfeuchtigkeit und Temperaturwechsel.

The completed Multihalle model was suspended upside-down from the brass supports. The special material properties of the marble base plate protected the model from uncontrolled changes to its shape due to fluctuating humidity and temperatures.

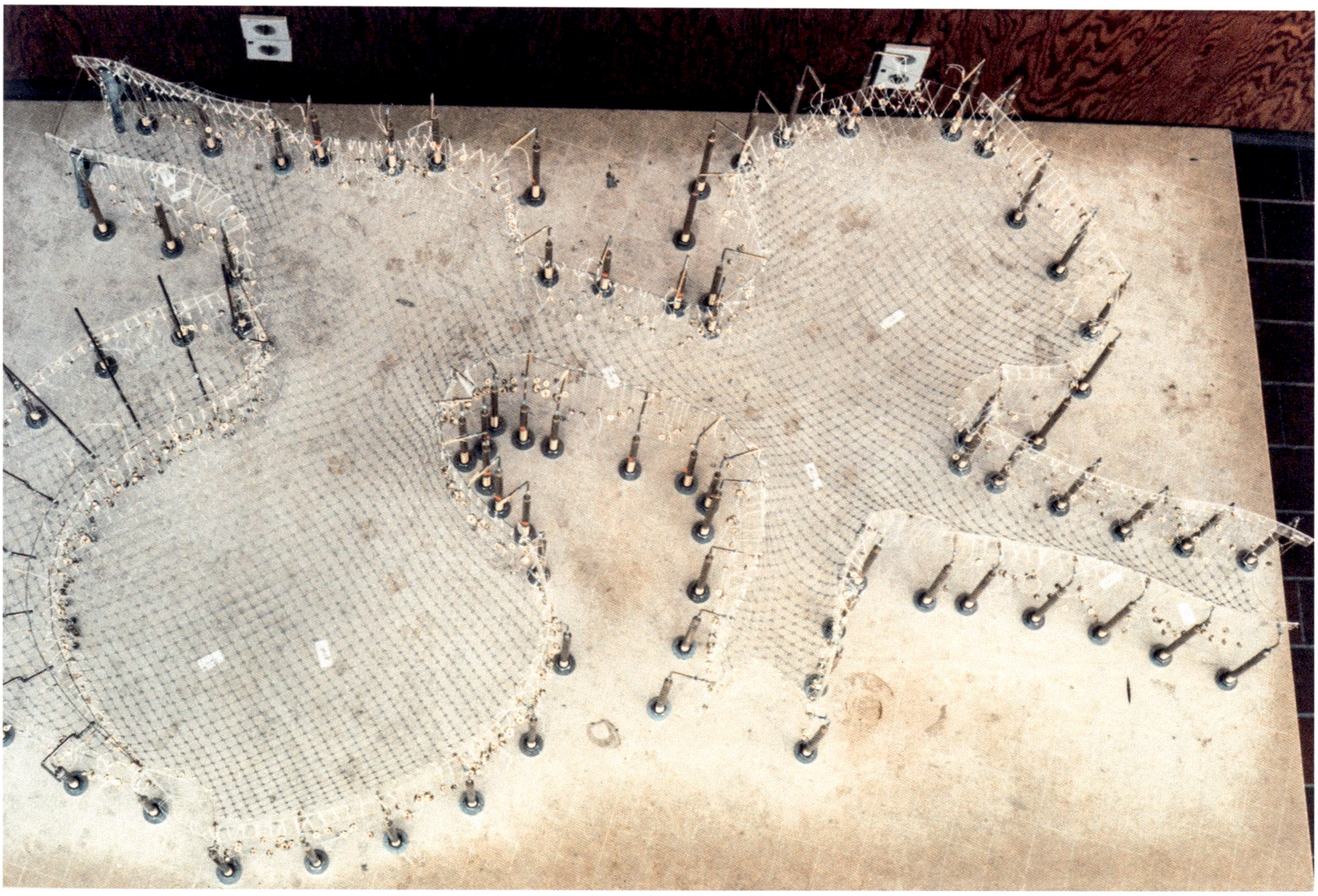

Aufnahme während der fotogrammetrischen Vermessung am Hängemodell, Frei Otto Atelier Warmbronn, 1973

Conducting a photogrammetric measurement of the suspended model, Frei Otto Atelier Warmbronn, 1973

Das Hängemodell wird von oben und aus zwei verschiedenen Perspektiven fotogrammetrisch aufgenommen. Die Fotos werden vom Institut für Anwendungen der Geodäsie im Bauwesen (IAGB) ausgewertet und dienen als Grundlage für die Berechnungen eines digitalen Raummodells der Multihalle.

The suspended model was photogrammetrically photographed from above, from two different perspectives. The photographs were then evaluated by the Institute for Applications of Geodesy in Construction (IAGB) and served as a basis for the calculations of a digital three-dimensional model of the Multihalle.

Mit einem schwarzen Tuch verdeckte Bodenplatte des Hängemodells, Frei Otto Atelier Warmbronn, 1973

Suspended model mounted on a base covered with a black cloth, Frei Otto Atelier Warmbronn, 1973

Um den filigranen Aufbau des Netzes auf den Fotos deutlicher und klarer hervortreten zu lassen, greift Frei Otto zu einer einfachen, doch wirkungsvollen szenographischen Methode. So wird der helle Marmor der Bodenplatte mit einem schwarzen Tuch verdeckt, wodurch das Netz als eine leuchtende Raumstruktur hervortritt und den ästhetischen Eindruck eines schwebenden und entmaterialisierten Modells aufkommen lässt.

In order to make the complex mesh structure stand out more clearly in the photographs, Frei Otto used a simple but effective scenographic method. He covered the light-colored marble of the base plate with a black cloth, enabling the mesh to appear as a luminous spatial structure and giving the aesthetic impression of a floating and dematerialized model.

Vermessungsmodell, Ove Arup & Partners London, April 1974

Scale model, Ove Arup & Partners London, April 1974

Parallel zu der Entwicklung des digitalen Raummodells durch Klaus Linkwitz, bauen Ted Happold und Ian Lidell bei Ove Arup & Partners ein weiteres Modell der Multihalle. Es besteht aus einem an Fäden aufgehängten Drahtgitter und dient nicht nur der weiteren Erforschung des Tragverhaltens der Gitterschale, sondern auch Fragen zur konstruktiven Logistik, beispielsweise wie der Montageprozess auf der Baustelle möglichst präzise geplant und umgesetzt werden kann.

Parallel to the development of the digital three-dimensional model by Klaus Linkwitz, Ted Happold and Ian Lidell built another model of the Multihalle at Ove Arup & Partners. Their wire mesh model suspended from threads was used not only for further research into the gridshell's load-bearing behavior, but also to address the logistics of its actual construction, such as how the process could be planned and implemented at the building site as precisely as possible.

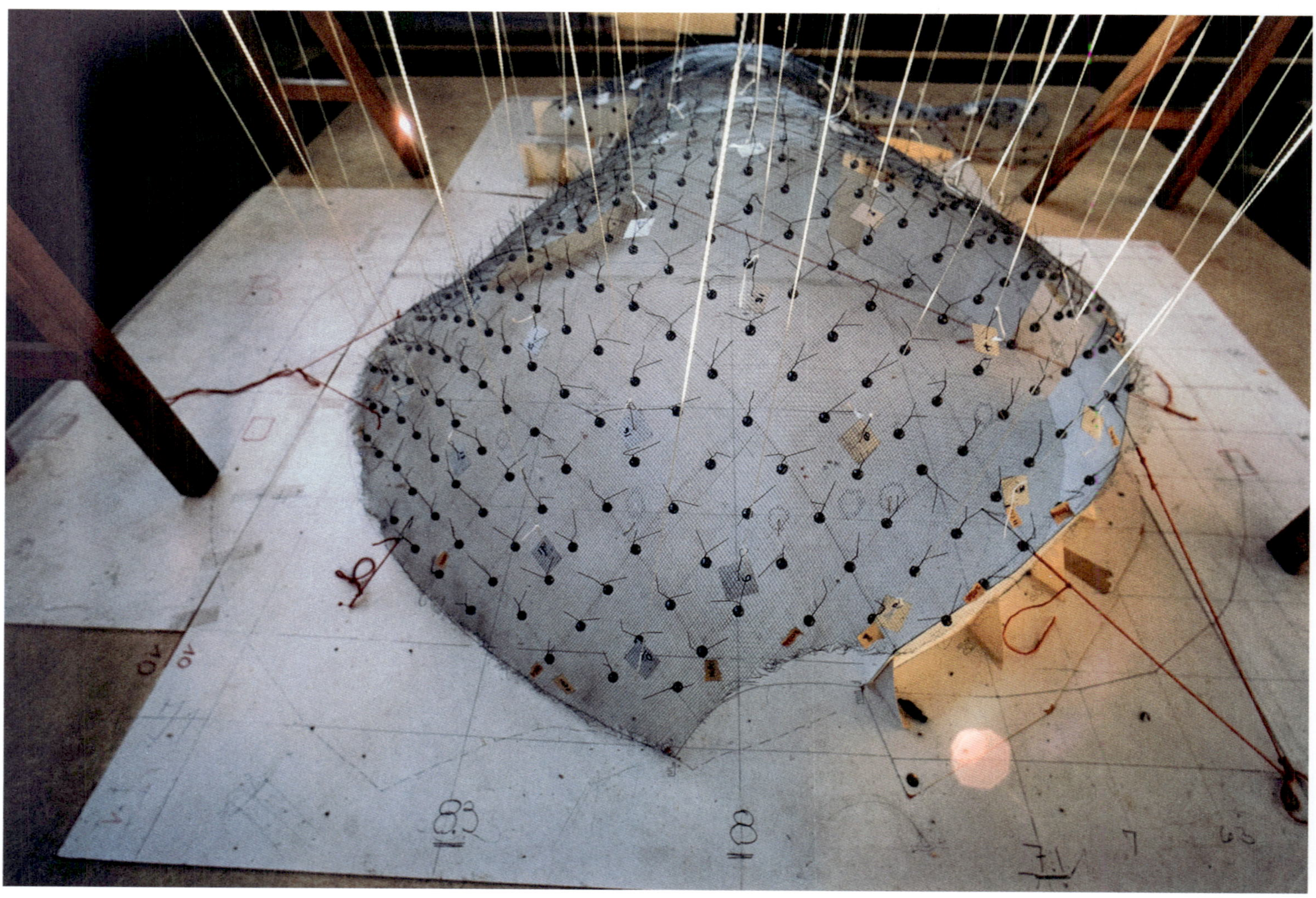

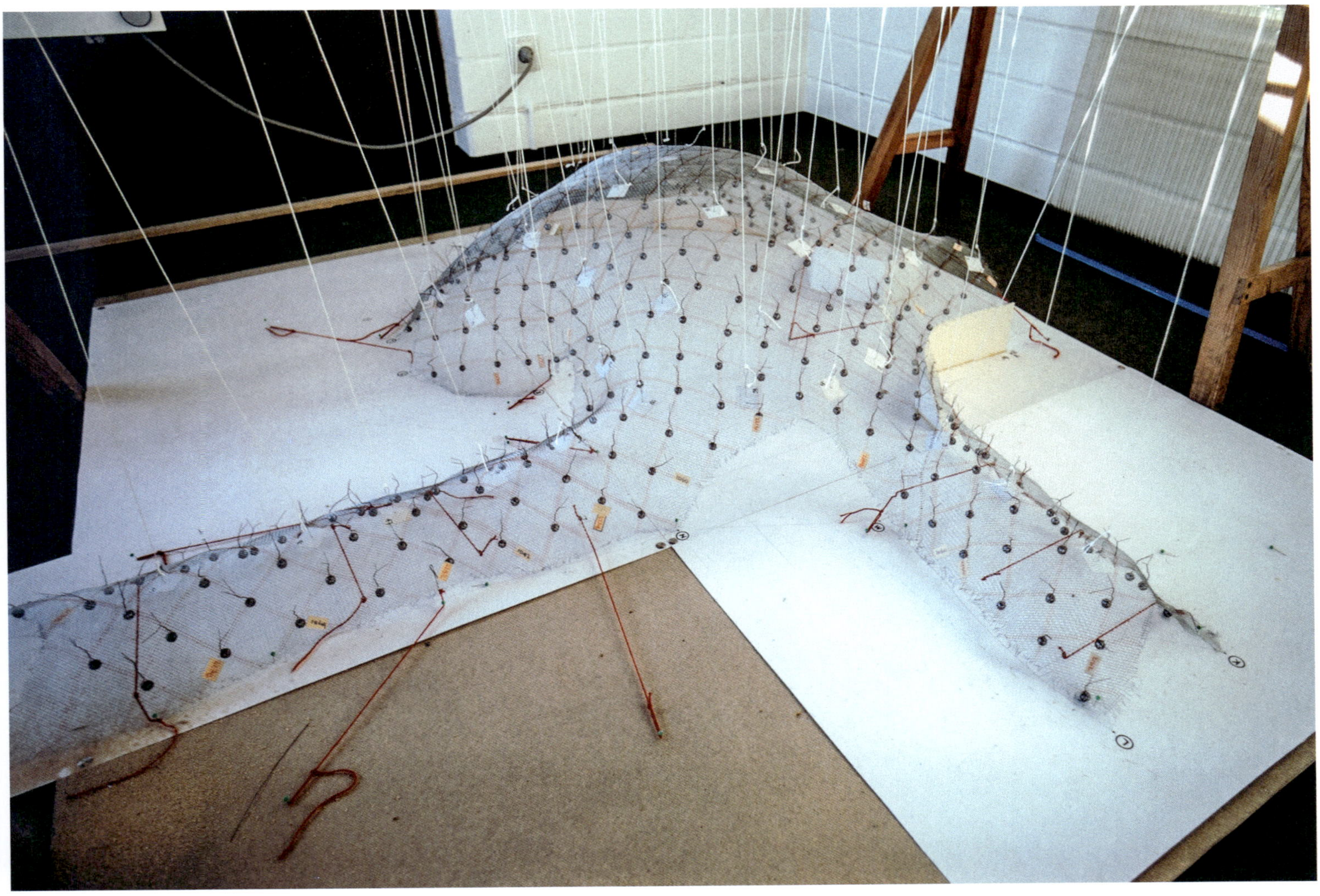

Windkanalmessungen am Modell im Maßstab 1:200, Ove Arup & Partners London, April 1974

Conducting wind tunnel measurements on the model, scale: 1:200, Ove Arup & Partners London, April 1974

Innerhalb des Windkanals ist auf einer drehbaren Grundplatte ein Plexiglasmodell der Multihalle positioniert. Um die simulierten Strömungen und Luftbewegungen am Modell sichtbar zu machen, wird künstlicher Rauch eingeblasen. Kleine Druckröhrchen am Modell messen die Druckverteilung an den äußeren und inneren Oberflächen.

A plexiglas model of the Multihalle was positioned on a rotatable base plate inside a wind tunnel. Artificial smoke was blown in to make the simulated flow of air throughout the complex visible. Small pressure tubes attached to the model measured the distribution of pressure on the outer and inner surfaces.

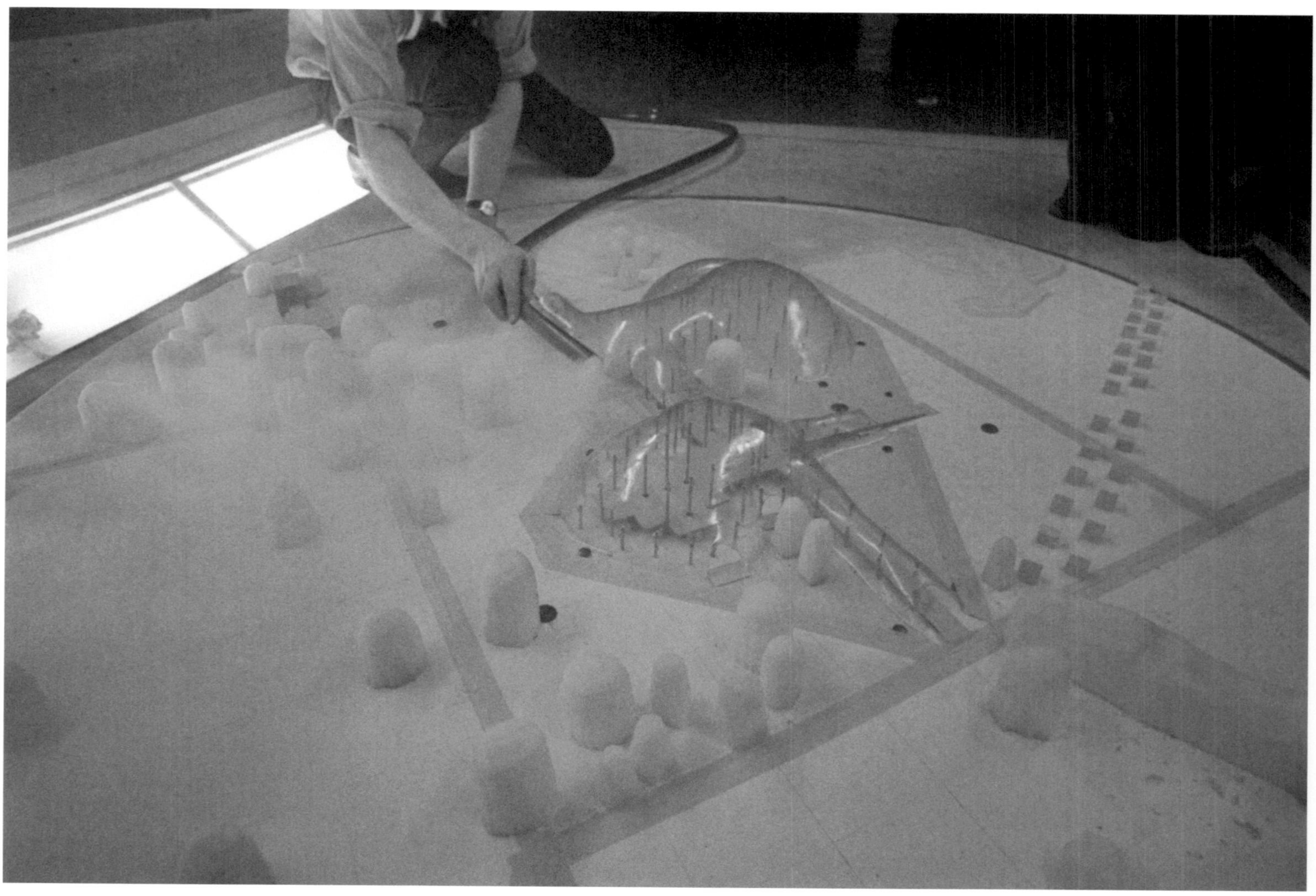

Computerausdruck des Deckblatts des Datenprotokolls für den Bereich der Raumwinkel, Büro Klaus Linkwitz und Institut für Anwendungen der Geodäsie im Bauwesen Universität Stuttgart (IAGB), April 1974

Computer printout of the cover sheet of the data protocol for the solid angles, Office of Klaus Linkwitz and the Institute for Applications of Geodesy in Civil Engineering, University of Stuttgart (IAGB), April 1974

→ 96 – 97
Computerausdruck des Datenprotokolls (Auszug) im Bereich des Restaurants, »Protokoll zum Zuschnittplan Abschnitt 8105«, mit handschriftlichen Notizen, Klaus Linkwitz und Hans-Dieter Preuss, Institut für Anwendungen der Geodäsie im Bauwesen Universität Stuttgart (IAGB), April 1974

→ 96 – 97
Computer printout of the data protocol (excerpt) for the restaurant area, "Protocol for the Cutting Plan Section 8105", with handwritten notes, Klaus Linkwitz und Hans-Dieter Preuss, Institute for Applications of Geodesy in Civil Engineering, University of Stuttgart (IAGB), April 1974

Computerausdruck des Datenprotokolls (Auszug) im Bereich des Restaurants, Klaus Linkwitz und Hans-Dieter Preuss, Institut für Anwendungen der Geodäsie im Bauwesen Universität Stuttgart (IAGB), April 1974

Computer printout of the data protocol (excerpt) for the restaurant area, Klaus Linkwitz and Hans-Dieter Preuss, Institute for Applications of Geodesy in Civil Engineering, University of Stuttgart (IAGB), April 1974

→ 98 – 99
Computerausdruck des Deckblatts des Datenprotokolls für die Raumwinkel, mit handschriftlicher Notiz »Banane«, Büro Klaus Linkwitz und Institut für Anwendungen der Geodäsie im Bauwesen Universität Stuttgart (IAGB), April 1974

→ 98 – 99
Computer printout of the cover sheet of the data protocol for the solid angles, with the handwritten note "Banana", Office of Klaus Linkwitz and the Institute for Applications of Geodesy in Civil Engineering, University of Stuttgart (IAGB), April 1974

Computerausdruck des Datenprotokolls für die Raumwinkel für den Bereich der »Banane«, Büro Klaus Linkwitz und Institut für Anwendungen der Geodäsie im Bauwesen Universität Stuttgart (IAGB), April 1974

Computer printout of the data protocol for the solid angles of the "Banana area", Office of Klaus Linkwitz and the Institute for Applications of Geodesy in Civil Engineering, University of Stuttgart (IAGB), April 1974

BUERO K. LINKWITZ UND INSTITUT FUER ANWENDUNGEN DER GEODAESIE IM BAUWESEN, STUTTGART

BUNDESGARTENSCHAU MANNHEIM 1975

RAUMWINKEL

BEREICH MULTIHALLE

ALLE WINKELANGABEN RAUMWINKEL IN ALTGRAD

RAUMWINKEL UM EINEN INNEREN PUNKT

```
        A

        I
        I
        I
        I
        I
        I
        I
        I
        I
        I  BETA
        I
      B - - - - - - - - - - -  C
```

BEZEICHNUNGEN

A,C INNERER ODER RANDPUNKT

B INNERER PUNKT

BETA WINKEL ZWISCHEN DEN RICHTUNGEN BA UND BC

BEISPIEL

A	B	C	BETA	90-BETA	B	WINKELSUMME IN B	360-WINKEL SUMME
80621063	10632087	80612087	81.14	8.86			
80612087	10632087	10632084	98.78	-8.78			
10632084	10632087	10662087	77.24	12.76			
10662087	10632087	80621063	102.93	-12.93	10632087	360.09	-.09

K. LINKWITZ - H. D. PREUSS - INSTITUT FUER ANWENDUNG DER GEODAESIE IM BAUWESEN, STUTTGART

RANDABWICKLUNG BGS-HAENGENETZMODELL NACH GLEICHGEWICHTSBERECHNUNG *** BEREICH RESTAURANT ***

PROTOKOLL ZUM ZUSCHNITTPLAN ABSCHNITT 8105 (INDEX -71) BIS 8105 (INDEX -72)

RAUMKOORDINATEN (DIMENSION METER)

		PUNKT NR	X	Y	Z
SYSTEMPUNKT		81058106	59.100	120.000	90.900
STAB NR	1054	81051054	59.016	119.761	91.180
		10542222	58.889	120.090	91.360
		10542225	58.372	121.267	92.133
		10542228	57.839	122.471	92.849
STAB NR	1057	81051057	58.654	118.786	92.218
		10572222	58.421	119.322	92.561
		10572225	57.860	120.494	93.312
		10572228	57.272	121.692	93.998
STAB NR	1060	81051060	58.396	117.709	93.187
		10602222	57.912	118.587	93.765
		10602225	57.288	119.749	94.481
		10602228	56.628	120.935	95.121
STAB NR	2219	81052219	58.300	117.096	93.675
		10632219	58.052	116.755	94.269
		10662219	57.472	116.076	95.475
		10692219	56.809	115.410	96.645
STAB NR	1063	81051063	58.219	116.520	94.123
		10632219	58.052	116.755	94.269
		10632222	57.337	117.880	94.956
		10632225	56.647	119.028	95.630
STAB NR	1066	81051066	58.134	115.249	94.994
		10662219	57.472	116.076	95.475
		10662222	56.691	117.184	96.118
		10662225	55.932	118.319	96.741
STAB NR	2216	81052216	58.143	114.858	95.219
		10692216	57.700	114.361	96.048
		10722216	56.981	113.711	97.192
		10752216	56.197	113.050	98.287
STAB NR	1069	81051069	58.193	113.844	95.765
		10692216	57.700	114.361	96.048
		10692219	56.809	115.410	96.645
		10692222	55.968	116.501	97.242
STAB NR	2213	81052213	58.348	113.041	96.057
		10722213	57.951	112.696	96.666
		10752213	57.171	112.037	97.763
		10782213	56.381	111.290	98.798
STAB NR	1072	81051072	58.838	111.819	96.179
		10722213	57.951	112.696	96.666
		10722216	56.981	113.711	97.192
		10722219	56.065	114.751	97.769
STAB NR	2210	81052210	58.925	111.624	96.190
		10752210	58.159	111.029	97.258
		10782210	57.373	110.284	98.295
		10812210	56.596	109.420	99.243
STAB NR	2207	81052207	59.665	110.507	95.941
		10752207	59.132	110.023	96.716
		10782207	58.349	109.280	97.757
		10812207	57.577	108.417	98.712
STAB NR	2204	81052204	60.658	109.520	95.299
		10752204	60.083	108.997	96.174
		10782204	59.325	108.264	97.239
		10812204	58.564	107.407	98.208
STAB NR	1072	81051072	61.322	109.065	94.745
		10722201	61.674	108.656	94.584
		10722198	62.715	107.590	94.410
		10722195	63.902	106.678	94.470
STAB NR	2201	81052201	61.850	108.774	94.263
		10722201	61.674	108.656	94.584
		10752201	61.051	107.937	95.743
		10782201	60.341	107.228	96.859
STAB NR	1069	81051069	63.037	108.208	93.124
		10692198	63.249	108.029	93.077
		10692195	64.485	107.188	93.185
		10692192	65.694	106.540	93.789
STAB NR	2198	81052198	63.324	108.096	92.835
		10692198	63.249	108.029	93.077
		10722198	62.715	107.590	94.410
		10752198	62.151	105.922	95.630
STAB NR	1066	81051066	64.371	107.827	91.693
		10662195	65.011	107.547	91.827
		10662192	66.258	107.057	92.500
		10662189	67.415	106.543	93.305
SYSTEMPUNKT		81048105	65.000	107.800	90.900

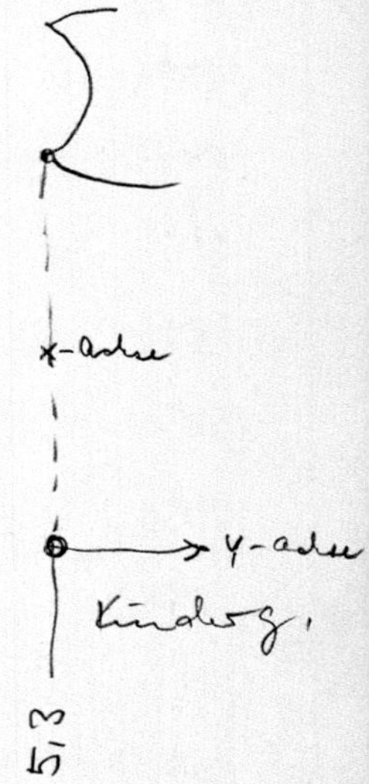

PUNKT - STRECKEN - UND WINKELBEZIEHUNGEN IM ABGEBILDETEN ABSCHNITT 8105 BIS 8105

LEGENDE
U.V = EBENE KOORDINATEN IM PLAN
INT = STRECKE ZUM VORANGEGANGENEN RANDPUNKT
STA = STATIONIERUNG, SIE BEGINNT AN JEDEM SYSTEMPUNKT MIT 0.0
RWL = RAUMWINKEL RAND/ STAB NACH RUECKWAERTS
VWL = RAUMWINKEL RAND/ STAB NACH VORWAERTS
HWR = HOEHENWINKEL DES RANDINTERVALLS
HWL = HOEHENWINKEL RAND/ STAB
END = ENDLAENGE RANDPUNKT/1. INNERER PUNKT

AM SYSTEMPUNKT SIND RWL UND VWL DER INNERE BZW. AEUSSERE RAUMWINKEL

ALLE WERTE BEZIEHEN SICH AUF SYSTEMLINIEN BZW. SYSTEMPUNKTE

DIMENSION METER UND ALTGRAD

PUNKT NR	U	V	INT	STA	HWR	RWL	VWL	HWL	END
81058106	1.345	4.048	0.000	0.000					
81051054	1.692	4.197	.378	.378	47.863				
10542222	1.805	3.817				83.276	98.674	27.068	.397
81051057	3.022	4.822	1.469	1.847	44.944				
10572222	3.259	4.187				85.259	100.685	30.382	.678

ENDLAENGE		81392261	10782261	.882	
INNERE STABSTUECKE	36			54.002	
ENDLAENGE		11862261	81662261	.366	
		GESAMTLAENGE STAB	2261	55.249	METER
ENDLAENGE		81162264	10212264	1.126	
INNERE STABSTUECKE	12			18.000	
ENDLAENGE		10572264	81332264	.478	
		GESAMTLAENGE STAB	2264	19.604	METER
ENDLAENGE		81412264	10782264	.841	
INNERE STABSTUECKE	36			54.000	
ENDLAENGE		11862264	81662264	.221	
		GESAMTLAENGE STAB	2264	55.063	METER
ENDLAENGE		81172267	10182267	1.135	
INNERE STABSTUECKE	12			18.000	
ENDLAENGE		10542267	81322267	.483	
		GESAMTLAENGE STAB	2267	19.619	METER
ENDLAENGE		81412267	10782267	.649	
INNERE STABSTUECKE	35			52.500	
ENDLAENGE		11832267	81652267	1.321	
		GESAMTLAENGE STAB	2267	54.470	METER
ENDLAENGE		81172270	10152270	1.127	
INNERE STABSTUECKE	12			18.000	
ENDLAENGE		10512270	81312270	.517	
		GESAMTLAENGE STAB	2270	19.644	METER
ENDLAENGE		81432270	10782270	.439	
INNERE STABSTUECKE	35			52.501	
ENDLAENGE		11832270	81652270	.821	
		GESAMTLAENGE STAB	2270	53.761	METER
ENDLAENGE		81182273	10122273	1.115	
INNERE STABSTUECKE	12			17.999	
ENDLAENGE		10482273	81312273	.581	
		GESAMTLAENGE STAB	2273	19.695	METER

ENDLAENGE		81432273	10782273	.201	
INNERE STABSTUECKE	35			52.500	
ENDLAENGE		11832273	81652273	.256	
		GESAMTLAENGE STAB	2273	52.957	METER
ENDLAENGE		81192276	10092276	.983	
INNERE STABSTUECKE	12			18.000	
ENDLAENGE		10452276	81302276	.599	
		GESAMTLAENGE STAB	2276	19.582	METER
ENDLAENGE		81442276	10812276	1.388	
INNERE STABSTUECKE	33			49.500	
ENDLAENGE		11802276	81652276	1.143	
		GESAMTLAENGE STAB	2276	52.032	METER
ENDLAENGE		81192279	10062279	.783	
INNERE STABSTUECKE	12			18.000	
ENDLAENGE		10422279	81292279	.634	
		GESAMTLAENGE STAB	2279	19.418	METER
ENDLAENGE		81452279	10812279	.828	
INNERE STABSTUECKE	33			49.498	
ENDLAENGE		11802279	81652279	.501	
		GESAMTLAENGE STAB	2279	50.827	METER
ENDLAENGE		81202282	10032282	.422	
INNERE STABSTUECKE	12			18.001	
ENDLAENGE		10392282	81282282	.717	
		GESAMTLAENGE STAB	2282	19.139	METER
ENDLAENGE		81462282	10842282	1.495	
INNERE STABSTUECKE	31			46.501	
ENDLAENGE		11772282	81652282	1.312	
		GESAMTLAENGE STAB	2282	49.308	METER
ENDLAENGE		81212285	10032285	1.417	
INNERE STABSTUECKE	11			16.500	
ENDLAENGE		10362285	81282285	.804	
		GESAMTLAENGE STAB	2285	18.721	METER

1.46
2.89
4.38
6.18
8.45
17.59
18.24
18.94
19.44
20.29
21.52
23.38
22.82
21.99
1.25
208.82 *

21.40
4.89
21.19
8.90
37.61
37.90
37.15
41.13
39.81
39.31
39.70
41.12
43.62
47.11
52.37
54.61
567.82 *

61.35
65.25
68.49
70.64
72.43
73.78
75.50
22.33
54.03
23.61
52.24
25.45
52.41
20.73
53.32
19.91
811.47 *

55.25
19.60
55.06
19.62
54.47
19.64
53.76
19.70
52.96
19.58
52.03
19.42
50.83
19.14
49.31
18.72
579.09 *

47.55
10.65
1.56
38.90
8.02
36.29
6.08
34.26
4.39
33.02
2.51
32.25
29.98
26.52
22.43
15.85
350.26 *

208.82
567.82
811.47
579.09
350.26
2.517.46 *
3x 7552,38

2.517.46 ×
3 =
7.552.38 *

BUERO K. LINKWITZ UND INSTITUT FUER ANWENDUNGEN DER GEODAESIE IM BAUWESEN, STUTTGART

BUNDESGARTENSCHAU MANNHEIM 1975

RAUMWINKEL

BEREICH ~~7. TEIL~~ BANANE

ALLE WINKELANGABEN RAUMWINKEL IN ALTGRAD

BEREICH BANANE

RAUMWINKEL UM EINEN INNEREN PUNKT

```
         A

         I
         I
         I
         I
         I
         I
         I
         I
         I  BETA
         I
      B  - - - - - - - - - - -  C
```

BEZEICHNUNGEN

A,C INNERER ODER RANDPUNKT

B INNERER PUNKT

BETA WINKEL ZWISCHEN DEN RICHTUNGEN BA UND BC

BEISPIEL

A	B	C	BETA	90-BETA	B	WINKELSUMME IN B	360-WINKEL SUMME
80511111	11112018	80512018	109.55	-19.55			
80512018	11112018	81911111	71.17	18.83			
81911111	11112018	11142018	107.21	-17.21			
11142018	11112018	80511111	72.04	17.96	11112018	359.96	.04

80621063	10632087	80612087	81.14	8.86			
80612087	10632087	10632084	98.78	-8.78			
10632084	10632087	10662087	77.24	12.76			
10662087	10632087	80621063	102.93	-12.93	10632087	360.09	-.09
10632087	10632084	80612084	77.76	12.24			
80612084	10632084	10632081	99.06	-9.06			
10632081	10632084	10662084	80.37	9.63			
10662084	10632084	10632087	102.78	-12.78	10632084	359.98	.02
10632084	10632081	80612081	80.79	9.21			
80612081	10632081	10632078	96.58	-6.58			
10632078	10632081	10662081	82.98	7.02			
10662081	10632081	10632084	99.63	-9.63	10632081	359.97	.03
10632081	10632078	80602078	83.36	6.64			
80602078	10632078	10632075	94.07	-4.07			
10632075	10632078	10662078	85.52	4.48			
10662078	10632078	10632081	97.02	-7.02	10632078	359.97	.03
10632078	10632075	80602075	86.01	3.99			
80602075	10632075	10632072	92.02	-2.02			
10632072	10632075	10662075	87.48	2.52			
10662075	10632075	10632078	94.46	-4.46	10632075	359.97	.03
10632075	10632072	80592072	87.92	2.08			
80592072	10632072	10632069	89.98	.02			
10632069	10632072	10662072	89.55	.45			
10662072	10632072	10632075	92.53	-2.53	10632072	359.98	.02
10632072	10632069	80592069	90.00	-.00			
80592069	10632069	10632066	87.30	2.70			
10632066	10632069	10662069	92.20	-2.20			
10662069	10632069	10632072	90.47	-.47	10632069	359.97	.03
10632069	10632066	80582066	92.50	-2.50			
80582066	10632066	80581063	84.08	5.92			
80581063	10632066	10662066	95.59	-5.59			
10662066	10632066	10632069	87.81	2.19	10632066	359.98	.02
80631066	10662096	80632096	66.59	23.41			
80632096	10662096	10662093	110.09	-20.09			
10662093	10662096	10692096	69.21	20.79			
10692096	10662096	80631066	114.10	-24.10	10662096	359.99	.01
10662096	10662093	80622093	71.26	18.74			
80622093	10662093	10662090	106.61	-16.61			
10662090	10662093	10692093	71.26	18.74			
10692093	10662093	10662096	110.86	-20.86	10662093	359.99	.01
10662093	10662090	80622090	71.31	18.69			
80622090	10662090	10662087	106.43	-16.43			
10662087	10662090	10692090	73.57	16.43			
10692090	10662090	10662093	108.67	-18.67	10662090	359.97	.03

10662090	10662087	10632087	73.97	16.03			
10632087	10662087	10662084	102.72	-12.72			
10662084	10662087	10692087	76.78	13.22			
10692087	10662087	10662090	106.49	-16.49	10662087	359.97	.03
10662087	10662084	10632084	77.22	12.78			
10632084	10662084	10662081	99.63	-9.63			
10662081	10662084	10692084	79.92	10.08			
10692084	10662084	10662087	103.19	-13.19	10662084	359.96	.04
10662084	10662081	10632081	80.37	9.63			
10632081	10662081	10662078	97.02	-7.02			
10662078	10662081	10692081	82.50	7.50			
10692081	10662081	10662084	100.09	-10.09	10662081	359.97	.03
10662081	10662078	10632078	82.99	7.01			
10632078	10662078	10662075	94.47	-4.47			
10662075	10662078	10692078	85.02	4.98			
10692078	10662078	10662081	97.49	-7.49	10662078	359.97	.03
10662078	10662075	10632075	85.54	4.46			
10632075	10662075	10662072	92.52	-2.52			
10662072	10662075	10692075	86.92	3.08			
10692075	10662075	10662078	95.00	-5.00	10662075	359.97	.03
10662075	10662072	10632072	87.47	2.53			
10632072	10662072	10662069	90.46	-.46			
10662069	10662072	10692072	88.98	1.02			
10692072	10662072	10662075	93.06	-3.06	10662072	359.97	.03
10662072	10662069	10632069	89.51	.49			
10632069	10662069	10662066	87.82	2.18			
10662066	10662069	10692069	91.61	-1.61			
10692069	10662069	10662072	91.02	-1.02	10662069	359.97	.03
10662069	10662066	10632066	92.17	-2.17			
10632066	10662066	10662063	84.68	5.32			
10662063	10662066	10692066	94.73	-4.73			
10692066	10662066	10662069	88.39	1.61	10662066	359.96	.04
10662066	10662063	80582063	94.77	-4.77			
80582063	10662063	10662060	81.76	8.24			
10662060	10662063	10692063	98.18	-8.18			
10692063	10662063	10662066	85.25	4.75	10662063	359.96	.04
10662063	10662060	80572060	99.32	-9.32			
80572060	10662060	10662057	77.17	12.83			
10662057	10662060	10692060	101.63	-11.63			
10692060	10662060	10662063	81.85	8.15	10662060	359.97	.03
10662060	10662057	80572057	100.36	-10.36			
80572057	10662057	80571066	79.44	10.56			
80571066	10662057	10692057	101.82	-11.82			
10692057	10662057	10662060	78.37	11.63	10662057	359.99	.01
80641069	10692102	80642102	63.26	26.74			
80642102	10692102	10692099	113.50	-23.50			
10692099	10692102	10722102	66.01	23.99			
10722102	10692102	80641069	117.22	-27.22	10692102	359.99	.01

10692102	10692099	80632099	67.03	22.97			

Digital berechneter und mit einem Zeichenautomaten erstellter Übersichtsplan der Gitterschale im Maßstab 1:125, der Plan stellt jede dritte Latte der Multihalle dar, Büro Klaus Linkwitz und Institut für Anwendungen der Geodäsie im Bauwesen Universität Stuttgart, April 1974

Digitally calculated general plan of the gridshell created with a digital plotter, scale 1:125; the plan depicts every third lath of the Multihalle gridshell, Office of Klaus Linkwitz and the Institute for Applications of Geodesy in Civil Engineering, University of Stuttgart (IAGB), April 1974

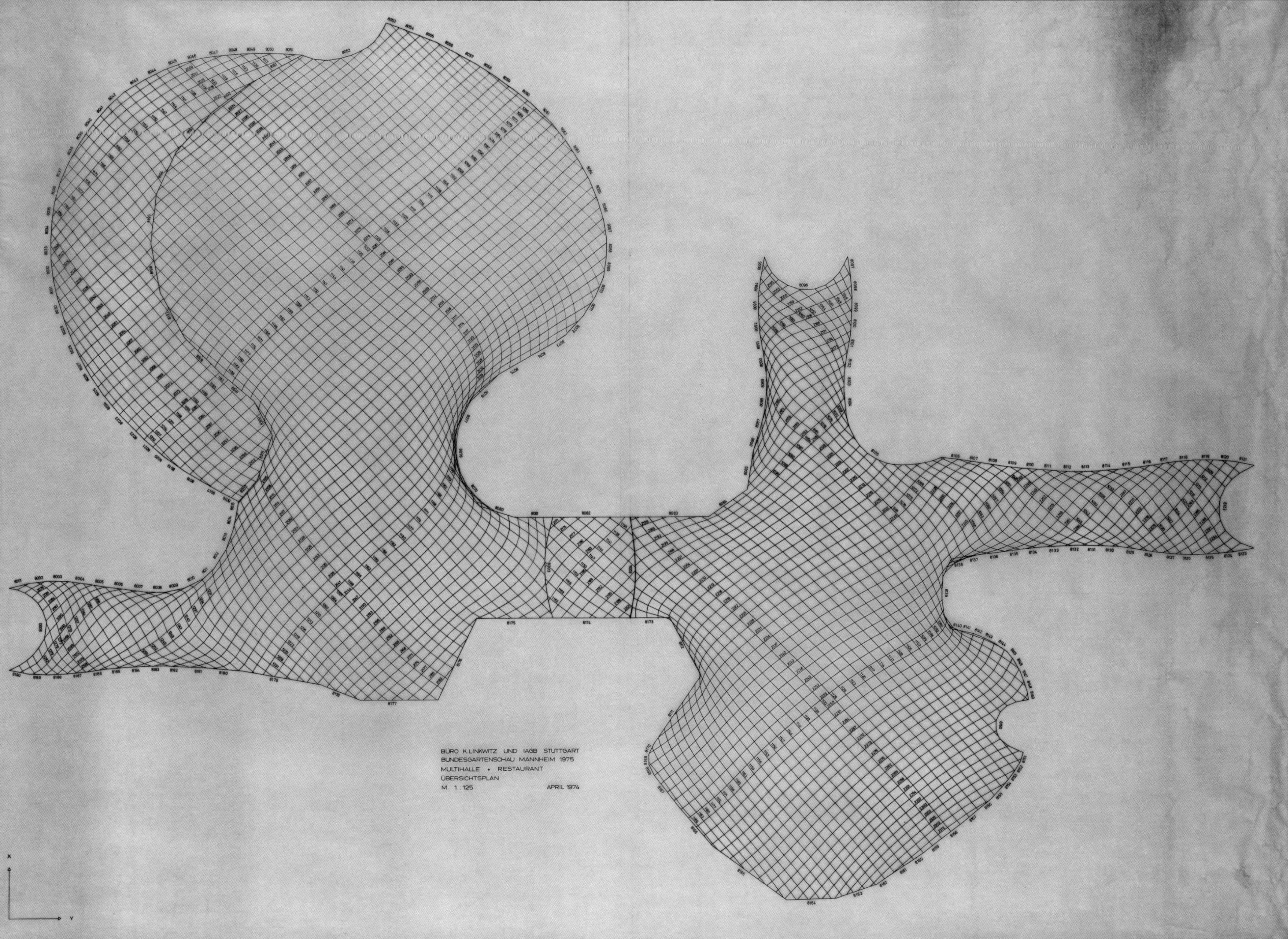
BÜRO K.LINKWITZ UND IAGB STUTTGART
BUNDESGARTENSCHAU MANNHEIM 1975
MULTIHALLE + RESTAURANT
ÜBERSICHTSPLAN
M 1:125
APRIL 1974
X
Y

Detailmodelle der Randausbildung im Maßstab 1:5, Frei Otto Atelier Warmbronn, 1974

Detail models of the edge formation, scale 1:5, Frei Otto Atelier Warmbronn, 1974

Viele Konstruktionspunkte der Multihalle können zeichnerisch nur noch schwer dargestellt und räumlich abgebildet werden. Zu komplex ist die Gitterschale, sowohl geometrisch als auch konstruktiv. Zur besseren räumlichen Veranschaulichung lässt Frei Otto Detailmodelle im Maßstab 1:5 anfertigen, beispielsweise um den Zimmermännern auf der Baustelle die geometrische Komplexität der Multihalle besser zu veranschaulichen.

Many of the Multihalle's construction points could only be drawn and spatially represented with difficulty. The gridshell was too complex, both geometrically and constructively. To improve its spatial representation, Frei Otto had detailed models built in 1:5 scale. These were used, for example, to give carpenters at the building site a better idea of the Multihalle's geometrical complexity.

Modell der Lattenverbindung mit verschraubten Zugseilen im Maßstab 1:1, Institut für leichte Flächentragwerke Universität Stuttgart, um 1974

Model of the lath joints with bolted traction cables, scale 1:1, Institute for Lightweight Structures (IL), University of Stuttgart, ca. 1974

Um zu überprüfen, wie sich an der zweilagigen Lattenverbindung die darüber laufenden Zugseile verschrauben lassen, wird ein Prototyp dieses Knotenpunktes im Maßstab 1:1 gebaut.

In order to check how the bracing cables running over the double layer lath joints could be tightened, a prototype of the joint was built in 1:1 scale.

Brandversuche am Gewebe auf dem Testgelände der Branddirektion Mannheim, 1974

Fire tests on the fabric at the test site by the Mannheim Fire Department, 1974

Die Gitterschale der Multihalle wird mit einem wetterbeständigen und zum Schutz gegen UV-Licht schwarz beschichteten, doch lichtdurchlässigen Gewebe eingedeckt. Bei keinem der Brandversuche ist ein Weiterbrennen des Gewebes festzustellen.

The Multihalle gridshell was covered with a weatherproof translucent fabric that was coated in black for protection against UV light. None of the fire tests revealed the fabric to be flammable.

Detailaufnahmen des Gewebes während und nach dem Brandversuch auf dem Testgelände der Branddirektion Mannheim, 1974

Detail of the fabric during and after a fire test at the test site by the Mannheim Fire Department, 1974

Beginn mit der Montage des Kehlbalkens, Herzogenriedpark Mannheim, September 1974

Start of the installation of the collar beams, Herzogenriedpark Mannheim, September 1974

→ 112 – 113
Aufnahmen der Baustelle, Kontaktbögen mit je sechs Abzügen auf Vordrucke des Instituts für leichte Flächentragwerke (IL) der Universität Stuttgart, November 1974

→ 112 – 113
Photographs of the building site, contact sheets with six prints each on pre-printed forms of the Institute for Lightweight Structures (IL), University of Stuttgart, November 1974

Fundament, Stützmauer und die Terrassierungen im Innenraum der Multihalle werden betoniert. Anschließend wird damit begonnen, die schweren Kehlbalken aufzustellen und untereinander zu verbinden.

The foundation, retaining wall, and terraces in the interior of the Multihalle were made of concrete. Afterwards, the heavy collar beams were erected and connected to one another.

NR | BEL LO - 11 851
DAT NOV. 1974 | F | N
PROJEKT Mannheim Buga 75
BEM

NR | BEL LO - 11 852
DAT | F | N F.D.
PROJEKT
BEM

NR | BEL LO - 11 853
DAT | F | N
PROJEKT
BEM

NR | BEL LO - 11 854
DAT | F | N
PROJEKT
BEM

NR | BEL LO - 11 855
DAT | F | N
PROJEKT
BEM

NR | BEL LO - 11 956
DAT NOV. 1974 | F | N
PROJEKT
BEM

NR	BEL CO - 11 857	
DAT NOV. 1974	F	N F.O.

PROJEKT Mannheim

BEM Büge 75

NR	BEL CO - 11 858	
DAT	F	N

PROJEKT

BEM

NR	BEL CO - 11 859	
DAT	F	N

PROJEKT

BEM

NR	BEL CO - 11 860	
DAT	F	N

PROJEKT

BEM

NR	BEL CO - 11 861	
DAT	F	N

PROJEKT

BEM

NR	BEL CO - 11 862	
DAT NOV. 1974	F	N

PROJEKT

BEM

Montage des Kehlbalkens und der Gitterschale, Herzogenriedpark Mannheim, Winter 1974

Assembly of the collar beams and the gridshell, Herzogenriedpark Mannheim, winter 1974

Außenaufnahmen der Montage der zum Teil bereits hochgedrückten Gitterschale, Herzogenriedpark Mannheim, Winter 1974

Montage der zum Teil hochgedrückten Gitterschale, Herzogenriedpark Mannheim, Winter 1974

Exterior views of the assembly of the gridshell, part of which has already been pushed up, Herzogenriedpark Mannheim, winter 1974

Assembly of the partially pushed up gridshell, Herzogenriedpark Mannheim, winter 1974

Während der Montage werden die Latten zunächst flach auf einer vorläufigen Montagefläche ausgelegt, dann in die jeweils richtige Länge gebracht und anschließend stückweise zu einem großen Gitter zusammengefügt, jedoch nur lose verschraubt. Für jede einzelne Latte gibt es eine exakte Markierung und eine genau definierte Stelle. Auf diese Weise entsteht eine zunächst noch bewegliche Struktur.

For the assembly, the laths were placed on a temporary assembly platform, laid out in the correct direction, and then joined together piece by piece to form a large grid; the bolts were tightened later. There was a precisely marked point and position for each individual lath. An initially flexible structure was created in this way.

Innenaufnahmen der bereits hochgedrückten Gitterschale, Herzogenriedpark Mannheim, November 1974

Interior views of the gridshell already pushed up, Herzogenriedpark Mannheim, November 1974

Nachdem man zu Beginn davon ausgegangen ist, das Gitter mit Hilfe von Kränen in die Höhe ziehen zu können, kommt man während der Planung zu dem Schluss, es sei sicherer und wirtschaftlicher, die gesamte Konstruktion mit einem improvisierten Hebesystem bestehend aus Gerüsttürmen und Gabelstaplern sukzessiv nach oben zu drücken.

Despite the initial assumption that the gridshell could be lifted upwards with the aid of cranes, it was decided during the planning phase that it would be safer and more economical to slowly push the entire construction upwards, using an improvised lifting system consisting of scaffolding towers and forklifts.

Aufnahmen während des Verschraubens der Knotenpunkte der Gitterschale, Herzogenriedpark Mannheim, 1974/1975

Blick in die fertig verschraubte Gitterschale, Herzogenriedpark Mannheim, 1974/1975

Aufnahme der mit Wasser gefüllten Mülltonnen für die statischen Belastungsversuche am 18. Januar 1975 an der fertigen Gitterschale, Herzogenriedpark Mannheim, 1975

Tightening the node bolts of the lattice shell, Herzogenriedpark Mannheim, 1974/1975

View into the fully tightened gridshell, Herzogenriedpark Mannheim, 1974/1975

Trash cans filled with water for static load tests on the completed gridshell on 18 January 1975, Herzogenriedpark Mannheim, 1975

Aufnahmen der mit Wasser gefüllten Mülltonnen für die statischen Belastungsversuche am 18. Januar 1975 an der fertigen Gitterschale, Herzogenriedpark Mannheim, 1975

Trash cans filled with water for static load tests on the completed gridshell on 18 January 1975, Herzogenriedpark Mannheim, 1975

Frei Otto auf der Gitterschale der Multihalle, 1975

Frei Otto on the Multihalle gridshell, 1975

»Die Montage der Mannheimer Halle war atemberaubend, ich habe es schon mit der Angst zu tun gekriegt. Dieser große Holzteppich am Boden! Man lief darüber hinweg, dann wippte es fürchterlich. Es gab eine gewisse Phase, da hielten wir es kaum noch für möglich, dass das Ding jemals steif werden würde. Erst nachdem wir unseren Belastungsversuch gemacht und gezeigt hatten, wie ungeheuer steif diese Kuppel sein kann, kam die Courage wieder. Zwar zeigten die Berechnungen, dass alles in Ordnung war, und die Ingenieure haben jedes Detail genauestens kontrolliert – aber die Berechnung ist eine Sache, der Glaube daran eine andere.«

Frei Otto
im Gespräch mit Heinrich Klotz, 1977

"The assembly of the Mannheim hall was breathtaking, but I was also a bit scared. This huge wooden carpet on the ground! It rocked terribly when you walked across it. There was a certain point at which we thought it would be impossible for the thing to ever be stiff enough. Only after we made our load test, which showed how incredibly stiff the dome could be, did our courage return. Admittedly, the calculations showed that everything was fine, and the engineers meticulously checked every detail – but the calculation is one thing, the belief in it another."

Frei Otto
in conversation with Heinrich Klotz, 1977

Aufnahmen der Montage des Trevira-Gewebes auf der Gitterschale, Carlfried Mutschler + Partner, Fotografien von Joachim Langner, 1975

Covering the gridshell with the Trevira fabric, Carlfried Mutschler + Partners, photography by Joachim Langner, 1975

Die Dachoberfläche wird mit einem speziellen Gewebe bedeckt, der aus feinen, schwarz ummantelten Fäden besteht. Mit dieser speziellen Ummantelung wird das Gewebe vor einstrahlendem UV Licht geschützt. Nach knapp sechs Jahren wird es durch ein weißes Gewebe ersetzt werden.

The roof surface was covered with a special fabric made of fine, black-coated threads. The special coating protected the fabric from UV rays. After almost six years it was replaced with a white fabric.

Original Musterstück des ursprünglich auf der Dachoberfläche verlegten schwarzen PVC-beschichteten Trevira-Gewebes, Carlfried Mutschler + Partner, 1975

Original sample of the black PVC-coated Trevira fabric originally used to cover the roof. Carlfried Mutschler + Partners, 1975

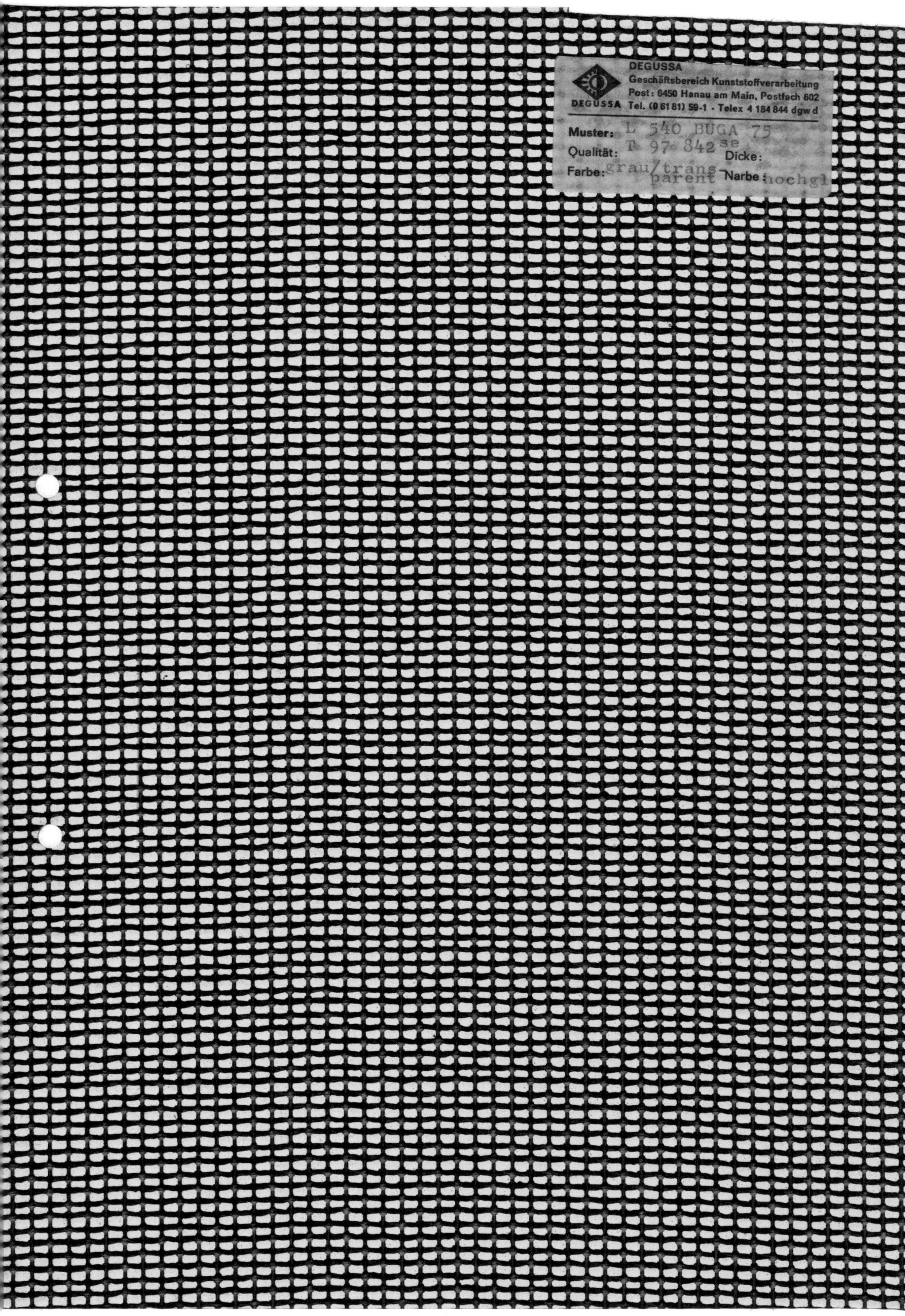
DEGUSSA
Geschäftsbereich Kunststoffverarbeitung
Post: 6450 Hanau am Main, Postfach 602
DEGUSSA Tel. (0 61 81) 59-1 · Telex 4 184 844 dgw d
Muster: L 540 BUGA 75
Qualität: T 97 842 se
Dicke:
Farbe: grau/transparent
Narbe: hochgl

Aufnahme der Dachoberfläche der Gitterschale während der Austauscharbeiten des schwarzen mit dem weißen Gewebe, Frei Otto Atelier Warmbronn, 1981

Original Muster der neuen und bis heute als Dachabdeckung verwendeten weißen Sarnafil Plane, Carlfried Mutschler + Partner, 1981

Roof of the gridshell during the replacement of the black fabric with the white fabric, Frei Otto Atelier Warmbronn, 1981

Original sample of the new white Sarnafil fabric, which is still used today as the roofing material, Carlfried Mutschler + Partners, 1981

Sarnafil

Qualität Nr. 21354

zum Brief 18.II.85

Multihalle Mannheim

Sarna Kunststoff AG

Aufnahme während der Montage des Gewebes auf der Dachoberfläche, Kontaktbogen mit sechs Fotos, Carlfried Mutschler + Partner, 1975

Covering the gridshell with the fabric, contact sheet with six images, Carlfried Mutschler + Partners, 1975

751 107/26c
AGFACOLOR CN S
751 107/25c
751 107/24c
751 107/29 c
751 107/28c
751 107/27 c

Blick in die Konstruktion der Gitterschale mit Gewebe auf der Dachoberfläche, Carlfried Mutschler + Partner, 1975

Außenaufnahme während der Montage des Gewebes auf der Dachoberfläche, Kontaktbogen mit fünf Aufnahmen, Carlfried Mutschler + Partner, Frei Otto Atelier Warmbronn, 1975

View into the gridshell construction with fabric covering the roof, Carlfried Mutschler + Partners, 1975

Exterior views while the roof is being covered with the fabric, contact sheet with five images, Carlfried Mutschler + Partners, Frei Otto Atelier Warmbronn, 1975

75/107/2c

75/107/5c

75/107/1c

75/107/4c

75/107/3c

Blick in die Konstruktion der Gitterschale mit Gewebe auf der Dachoberfläche, Carlfried Mutschler + Partner, 1975.

View into the gridshell construction with fabric covering the roof, Carlfried Mutschler + Partners, 1975

Aufnahme des überdachten Stegbereichs mit Wendeltreppe kurz vor der Fertigstellung, Frei Otto Atelier Warmbronn, 1975.

Covered walkway area with spiral staircase, shortly before completion, Frei Otto Atelier Warmbronn, 1975

Blick vom Steg in den Außenraum und den Innenraum der fertig erstelle Gitterschale, Frei Otto Atelier Warmbronn, 1975

Blick vom Steg in den Innenraum der fertig erstellen Gitterschale, Frei Otto Atelier Warmbronn, 1975

→ 140 – 141
Aufnahmen des Restaurants kurz nach der Eröffnung, vier Abzüge auf dem Vordruck eines Bearbeitungsformulars, Carlfried Mutschler + Partner, 1975

Aufnahmen der Eingangssituation zum überdachten Steg, vier Kontaktstreifen mit je drei Aufnahmen, Carlfried Mutschler + Partner, 1975

→ 142 – 143
Aufnahmen des Restaurants kurz nach der Eröffnung, zwei Kontaktstreifen auf der Rückseite eines Bearbeitungsformulars, Carlfried Mutschler + Partner, 1975

Aufnahmen der Multihalle innerhalb der künstlichen Topographie der Parklandschaft, vier Kontaktstreifen mit je drei Aufnahmen, Carlfried Mutschler + Partner, 1975

→ 144 – 145
Aufnahmen des Restaurants kurz nach der Eröffnung, zwei zerschnittene Kontaktstreifen auf der Rückseite eines Bearbeitungsformulars, Carlfried Mutschler + Partner, 1975

Aufnahmen während einer Besichtigung der Multihalle mit Hinweis auf den Fotografen Erwin Zander und handschriftlich hinzugefügten Namen u. a. Behnisch, Fünf Kontaktstreifen mit je drei Aufnahmen, Carlfried Mutschler + Partner, 1975

View from the walkway into the exterior and the interior spaces of the completed gridshell, Frei Otto Atelier Warmbronn, 1975

View from the walkway into the interior space of the completed gridshell, Frei Otto Atelier Warmbronn, 1975

→ 140 – 141
Views of the restaurant shortly after the opening, four images on a pre-printed processing form, Carlfried Mutschler + Partners, 1975

Entrance to the covered walkway, four contact strips with three images each, Carlfried Mutschler + Partners, 1975

→ 142 – 143
Views of the restaurant shortly after the opening, two contact strips on the back of a processing form, Carlfried Mutschler + Partners, 1975

The Multihalle within the artificial topography of the park landscape, four contact strips with three images each, Carlfried Mutschler + Partners, 1975

→ 144 – 145
Restaurant shortly after the opening, two contact strips cut apart on the back of a processing form, Carlfried Mutschler + Partners, 1975

Photographs taken during the inspection of the Multihalle, with mention of the photographer Erwin Zander and the handwritten addition of names including Behnisch, five contact strips with three images each, Carlfried Mutschler + Partners, 1975

Nummer
Aufnahme-
gegenstand
1
2
3
4
5
6
7
8
9
10
11
12
13
14
15
16
Film entwickeln
Abzüge
Vergrößerungen
Hier Anfang!
Film mit Schicht nach
unten einlegen!

75/173/1c

75/173/2c

75/173/83c

75/173/3c

75/173/4c

75/173/5c
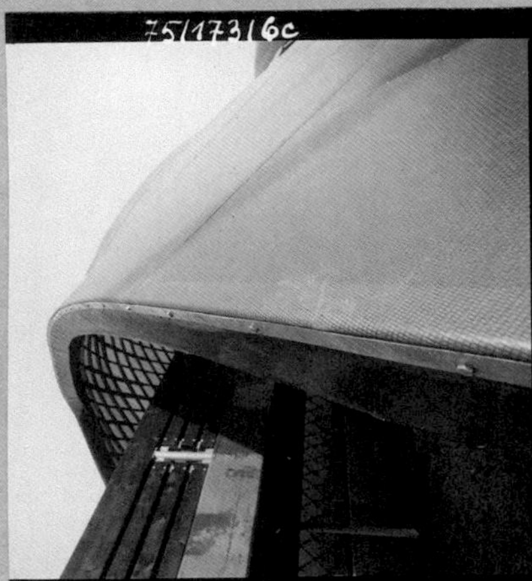
75/173/6c

75/173/7c

75/173/8c

Nüscheler Ersatzaufnahme von Nr. 160

Negativ-Kartei Nr.
KODAK SAFE.TY

FOTOS VON :

ARCHITEKT BDA DIPL. ING.
ERWIN H. ZANDER DWB
KÖLN 1 GLADBACHER STR. 44

EPPLER

BEHNISCH V. BUSSE

Aufnahme der fertig geschmückten Blumenbete unter dem Steg, Carlfried Mutschler + Partner, 1975

Blick über die künstlich angelegte Wasserlandschaft, Carlfried Mutschler + Partner, Fotografie von Robert Häusser, 1975

Blick auf die künstlich angelegte Wasserlandschaft mit Besuchern und spielenden Kindern, Carlfried Mutschler + Partner, 1975

Completed flower beds below the walkway, Carlfried Mutschler + Partner, 1975

View across the artificial water landscape, Carlfried Mutschler + Partners, photography by Robert Häusser, 1975

The artificial water landscape with visitors and children at play, Carlfried Mutschler + Partners, 1975

Blick in den Innenraum der Multihalle mit künstlichem Wasserverlauf und fertiger Bepflanzung während der Bundesgartenschau, Frei Otto Atelier Warmbronn, 1975

Multihalle interior with artificial watercourse and completed green landscaping during the Federal Garden Show, Frei Otto Atelier Warmbronn, 1975

Blick zum Bereich des Restaurants während Bundesgartenschau, Carlfried Mutschler + Partner, Fotografie von Robert Häusser, 1975

Aufnahme der Multihalle im Kontext des nördlichen Teils des Ausstellungsgeländes, Carlfried Mutschler + Partner, Fotografie von Robert Häusser, 1975

View towards the restaurant area during the Federal Garden Show, Carlfried Mutschler + Partner, photography by Robert Häusser, 1975

Multihalle in the context of the northern part of the exhibition grounds, Carlfried Mutschler + Partner, photography by Robert Häusser, 1975

Blick aus der Vogelperspektive über das Gelände und die Multihalle aus westlicher Richtung während der Bundesgartenschau, Carlfried Mutschler + Partner, Fotografie von Ingrid Wieland-Autenrieth, 1975

Bird's-eye view, from the west, of the grounds and the Multihalle during the Federal Garden Show, Carlfried Mutschler + Partner, photography by Ingrid Wieland-Autenrieth, 1975

Blick aus der Vogelperspektive auf die Multihalle aus südlicher Richtung während der Bundesgartenschau, Carlfried Mutschler + Partner, Fotografie von Albrecht Brugger, 1975

Bird's-eye view, from the south, of the Multihalle during the Federal Garden Show, Carlfried Mutschler + Partner, photography by Albrecht Brugger, 1975

Nachtaufnahme der erleuchteten Multihalle aus der Vogelperspektive, Frei Otto Atelier Warmbronn, 1975

Bird's-eye view of the illuminated Multihalle at night, Frei Otto Atelier Warmbronn, 1975

Aufnahmen der Ausstellungsräume während der *Jahresausstellung des Deutschen Künstlerbundes*, Carlfried Mutschler + Partner, 1976

Exhibition spaces during the *Annual Exhibition of the German Artists' Association*, Carlfried Mutschler + Partners, 1976

Unmittelbar nach Beendigung der Bundesgartenschau am 19. Oktober 1975, beginnen bereits erste Überlegungen für eine mögliche Nachnutzung der Multihalle. Das Spektrum an konkreten Nutzungsvorschlägen reicht von dem Bau eines Freizeitparks bis zum Hallenbad. Ursprünglich als temporärer Bau geplant, stellen hierbei nicht Tragwerk oder Konstruktion die größten Herausforderungen, sondern Fragen zur Akustik und Raumaufteilung. Als zwei Höhepunkte gelten die *Jahresausstellung des Deutschen Künstlerbundes* (1976) und die Ausstellung *Kosmos – das Weltall für den Menschen* (1985), die u. a. von der Akademie der Wissenschaften der UdSSR organisiert wird.

After the Federal Garden Show ended on 19 October 1975, the potential for the subsequent use of the Multihalle immediately began to be considered. Concrete proposals for its use ranged from an amusement park to an indoor swimming pool. Originally planned as a temporary building, it was not the load-bearing structure or construction that presented the greatest challenges, but questions of acoustics and the layout of the space. Two highlights included the *Annual Exhibition of the German Artists' Association* (1976) and the exhibition *Cosmos – the Universe for the People* (1985), which was organized in part by the Academy of Sciences of the USSR.

Aufnahmen der Ausstellungsräume während der *Jahresausstellung des Deutschen Künstlerbundes*, Carlfried Mutschler + Partner, 1976

Exhibition spaces during the *Annual Exhibition of the German Artists' Association*, Carlfried Mutschler + Partners, 1976

Aufnahmen der Ausstellungsräume während der *Jahresausstellung des Deutschen Künstlerbundes*, Carlfried Mutschler + Partner, 1976

Exhibition spaces during the *Annual Exhibition of the German Artists' Association*, Carlfried Mutschler + Partners, 1976

Aufnahmen der Ausstellungsräume während der *Jahresausstellung des Deutschen Künstlerbundes*, Carlfried Mutschler + Partner, 1976

Exhibition spaces during the *Annual Exhibition of the German Artists' Association*, Carlfried Mutschler + Partners, 1976

Im Rahmen der internationalen Kulturtage mit der Sowjetunion, veranstaltet die Akademie der Wissenschaften der UdSSR – Wissenschaftlicher Rat für Ausstellungen Multihalle zwei Ausstellungen in der Multihalle, u. a. *Kosmos – das Weltall für den Menschen*, Carlfried Mutschler + Partner, Herbst 1985.

For the International Festival of Soviet Union Culture, the Academy of Sciences of the USSR – Scientific Council for Exhibitions organized two exhibitions in the Multihalle, including *Cosmos – the Universe for the People*, Carlfried Mutschler + Partner, autumn 1985.

СССР
СССР

Folgende Texte sind aus den 1978 veröffentlichten Mitteilungen IL 13 des Instituts für leichte Flächentragwerke als Reprints abgedruckt:

Frei Otto
»Gedanken zum Bau der Gitterschale in Mannheim«, *IL 13*, 1978, S. 10–14

Carlfried Mutschler
»Grundkonzeption«, *IL 13*, 1978, S. 21–29

Ewald Bubner
»Die Formfindung der Gitterschale«, *IL 13*, 1978, S. 33–40

The following texts are reprinted from the publication IL 13 (1978) by the Institute for Lightweight Structures:

Frei Otto

"Thoughts on the Construction of Grid Shells at Mannheim," *IL 13*, 1978, p. 10–14

Carlfried Mutschler
"Basic Concepts," *IL 13*, 1978, p. 21–29

Ewald Bubner
"The Form Finding of the Grid Shell," *IL 13*, 1978, p. 33–40

Mit den Mitteilungen des Instituts für leichte Flächentragwerke, den sogenannten IL Publikationen, nutzt Frei Otto die Möglichkeit, seine Forschungsergebnisse international zu publizieren. Die Publikationen werden von ihm herausgegeben und jeweils in Deutsch und Englisch veröffentlicht. Der erste Band erscheint 1969 und widmet sich der *Experimentellen Ermittlung von Minimalnetzen*. Bereits mit dem 1971 publizierten zweiten Band gelingt Frei Otto eine bis heute vielbeachtete Ausgabe über die *Stadt in der Arktis*. Weitere Titel sind beispielsweise *Anpassungsfähig Bauen* (IL 14, 1975), *Seifenblasen* (IL 18, 1988) oder *Ungeplante Siedlungen* (IL 39, 1992) 1995 erscheint der letzte Band zum Thema *Intelligent Bauen*.

Frei Otto made use of the IL publications by the Institute for Lightweight Structures (IL) to share the results of his research with an international audience. The bulletins were published in both German and English. The first volume was issued in 1969 and devoted to *The Experimental Determination of Minimal Nets*. With the second volume published in 1971, Frei Otto succeeded in producing an edition about a *City in the Arctic*, which is still highly regarded today. Further titles include *Adaptable Architecture* (IL 14, 1975), *Forming Bubbles* (IL 18, 1988), and *Non-Planned Settlements* (IL 39, 1992); the final was published in 1995, on the topic *Building with Intelligence*.

Frei Otto
GEDANKEN ZUM BAU DER GITTERSCHALE IN MANNHEIM

Ich möchte nicht versäumen, bei dieser Gelegenheit einige Bemerkungen an die Beteiligten zu richten. Mir ist unklar, wo ich beginnen oder enden soll, ob ich bspw. zuerst von Oberbürgermeister Ludwig Ratzel spreche, der mit unvergleichbarer Überzeugungskraft mit seinem so freundlichen Wesen für diese Bundesgartenschau kämpfte; oder ob ich zuerst jene Arbeiter aus vielen Ländern nennen soll, die unermüdlich bei Nebel, Regen, Kälte über die biegsamen Latten turnten, Schrauben anzogen, Seile spannten und dabei hervorragende handwerkliche Arbeit zeigten. Sie glaubten fest an die Richtigkeit der Planung und der aktuellen Entscheidungen für die Montage, selbst wenn sie spürten, daß dieser Glaube bei denen, die sie leiteten, vielleicht nicht immer von Überzeugung getragen war. Vielleicht sollte ich zuerst von denen sprechen, die dieses Bauwerk erdachten, den Architekten Carlfried Mutschler und Joachim und Winfried Langner, die den Entwurf konzipierten, verbesserten, änderten, die sich hineinarbeiteten in eine neue technische Methode, um deren Eigengesetzlichkeit kennenzulernen, mit dem Ziel, diese Eigengesetzlichkeit zu erfassen, sie nicht zu stören und nicht mit vordergründigen Manipulationen aufgrund ästhetischer Modetrends zu entfremden, die dann diesen Bau weiterhin mit großer Geduld durch alle Phasen des Hauptentwurfs, der Detaillierung bis zur Ausschreibung durchpaukten und geduldig mit der Gesamtleitung der Bundesgartenschau verhandelten, in den Aufsichtsratssitzungen Rede und Antwort stehen mußten, nicht nur gegenüber wohlwollenden, sondern auch gegenüber kritischen Fragen und die außerdem die schwierigen Verhandlungen mit den ausführenden Firmen durchführten; Firmen, die den Auftrag bekommen sollten, weil sie billiger waren, obwohl sie noch nie auf diesem Gebiet gearbeitet hatten.

Doch bevor ich hier weiter fortfahre, denke ich an Heribert Späh, unseren ersten Ingenieur für diese Schale, dem wir diesen Bau anvertrauen wollten, weil er die Mannheimer Szene gut kennt und weil dies sinnvoll im Rahmen der Gartenschau erschien. Vom neuen System begeistert, machte er sich daran, dieses schwierige Bauwerk mathematisch zu erfassen. Er erkannte aber dann doch, daß eine größere Bürokapazität für solche Bauvorhaben notwendig ist, als sie in Mannheim auf die Beine gestellt werden konnte und besaß die Zivilcourage, das zu bekennen und somit die Einschaltung von Ove Arup and Partners, London zu ermöglichen. Heribert Späh blieb unverändert dem Bauwerk verbunden. Er half bei der Kooperation mit den Behörden und er berechnete und bemaß den gesamten Betonunterbau und die Stützenfundamente sowie Steg und Restaurant.

Das Team von Warmbronn stieß schon früh zur Mannheimer Gartenschau. Vom Bauherrn wegen seiner Mitarbeit bei anderen Gartenschauen um Rat gefragt, war es anfänglich von der kleinlichen Konzeption enttäuscht und ging nach Haus, bis es dann für Mutschler und Langner für die Gartenschau doch in so sinnvoller Weise eingeschaltet wurde. Ewald Bubner, Matthias Banz, Jean Goedert, Alf von Lieven, Georgios Papakostas, Hans Theune bauten in Warmbronn für und mit den Architekten die Entwurfsmodelle. Sie machten sich bald danach daran, das Formfindungsmodell zu entwickeln, bei dem ein Kettennetz mit Federn an Messingbügeln über einer Marmorplatte so aufgehängt wurde, daß es ein von vornherein als druckbeanspruchte Gitterschale realisierbares Bauwerk ergab: Ein Modell, das den Aufgaben entspricht, aber zugleich jene besondere Eigenschaft gesteigerter Qualität besitzt, die notwendig ist, um ein Bauwerk aus dem Bereich des Nur-Funktionalen, Nur-Ökonomischen, Nur-Technischen ohne Beeinträchtigung dieser Vorzüge in jenen Bereich zu führen, bei dem vielleicht Architektur beginnt. Um dies zu erreichen, war viel Geduld notwendig – es wurden Ketten geknüpft, montiert, verändert und gemessen. Weiter-

hin wurden grundsätzliche Einzelheiten zeichnerisch entwickelt, in größeren Modellen gebaut, mit den Architekten, Ingenieuren und den Firmen abgesprochen. Ewald Bubner leitete und koordinierte das alles.

Die Schale von Mannheim ist ohne eine längere Vorgeschichte undenkbar. Ich will hier nur die aller jüngste streifen. So baute die Stuttgarter Baufirma Wolff & Müller zwei Vorgänger der Mannheimer Schale unter Rolf Gutbrod und Fritz Leonhardt in Montreal und ein Forschungsteam arbeitete in den Jahren 1972 bis 1974 im Institut für leichte Flächentragwerke der Uni Stuttgart in internationaler Kooperation zwischen Japan und Deutschland unter der Leitung von Takeshi Hasegawa und Kenzo Tange, finanziert von dem aufgeschlossenen Präsidenten Tsutumi und der japanischen Eisenbahngesellschaft Seibu. (Die Mitglieder des Teams: Jürgen Hennicke, Kazunori Matsushita, Keizo Sataka, Eda Schaur, Toshiyuki Shirayanagi mit Günter Gröbner).

Es wurde erstmalig die neue Baumethode dargestellt und in einem gerade erschienenen Buch (IL 10 Gitterschale, 340 Seiten, Stuttgart 1975, Verlag: Institut für leichte Flächentragwerke) publiziert. Dem Bau in Mannheim konnten manche Ergebnisse dieser Arbeit, z. B. die neu entwickelten Ringe und Häkchen für den Präzisionsmodellbau nützen. Das in Warmbronn gebaute Modell wurde von dem Team für angewandte Geodäsie der Universität Stuttgart unter Klaus Linkwitz und Hans Dieter Preuß stereophotogrammetrisch vermessen. Mit Hilfe von Großcomputern wurde das Kräftegleichgewicht mathematisch kontrolliert und damit die Form mit Maß und Zahl exakt bestimmt. Ausserdem brachte es das Team Linkwitz fertig, erstmalig ein leichtes Flächentragwerk von einer hochkomplizierten Form vom Modell ausgehend, so geodätisch-mathematisch vollkommen zu erfassen, daß selbst die Fertigungspläne vom Computer automatisch gezeichnet werden konnten. Diese Arbeit lief in einer Selbstverständlichkeit und Ruhe ab, daß viele Beteiligte sie fast nicht bemerkten.

Hier kann ich nicht umhin, Sir Ove Arup zu zitieren, der 1968 nach Stuttgart gekommen war, damals 73 Jahre alt, mit größtem Interesse die Forschungen über Lattenkuppeln im Institut für leichte Flächentragwerke und in Warmbronn studierte, um schließlich zu erklären, daß er mit der ganzen Kraft seiner Organisation mithelfen wolle, einmal solche Bauwerke zu realisieren, und ich muß an seinen Juniorpartner Edmund Happold erinnern, den Direktor der Abteilung Structures 3 von O.A.P. (Ove Arup and Partners), mit dem wir dann unter Leitung von Rolf Gutbrod eine Schale für den Bankettsaal des Konferenzzentrums in Mecca projektierten und dafür erstmalig die Formfindungsmethode anwendeten, die dann für Mannheim zum Einsatz kam.

Was für Sir Arup's Ingenieure Ted Happold und Ian Liddell Ende des Jahres 1973 begann, war ein Kampf für dieses Bauwerk. Es gab noch keine geprüften Methoden, mit denen man eine solche Schale erfassen konnte. Als man die Arbeit begann, war lediglich Vertrauen vorhanden. Es wurde aber bald durch systematische Arbeit bestätigt.

Als die Rechnungen von Linkwitz fertig waren, wurden diese eingefügt, Computer-Programme angepaßt und viele neue Modelle gebaut, um Windkräfte zu messen, das Ausbeulen bei Schnee zu verhindern, die Montagevorgänge zu studieren und um das Materialverhalten so zu erfassen, daß eine wirklichkeitsnahe Analyse entsteht. Die Hauptlast lag weitgehend auf den Schultern von Ian Liddell und Michael Dickson.

Als OAP selbst noch die Planung der Montage übernahm, überprüften Michael Dickson und Terry Ealey den Bau der Halle mit ihren 34 000 Bolzen und 72 km Latten und Seilen. Beide konnten durch Sorgfalt und Verantwortungsbewußtsein bei allen Beteiligten ein großes Vertrauen gewinnen.

Die Firma Poppensieker in Löhne war bei der Ausschreibung am billigsten und erhielt den Auftrag zur Ausführung. Auch wenn sie einen guten Ruf im Holzleimbau besitzt, war sie den Planenden noch unbekannt. Es war eine große Frage, ob sie, ähnlich wie damals die Firma Wolff & Müller, eingestimmt werden konnte in ein ihr ungewohntes Bauverfahren. Niemand wußte, wie groß ihr Stehvermögen sein würde, wenn die bei solchen Projekten an sich üblichen, dennoch als außergewöhnlich bezeichneten Vorgänge auftreten. Den Architekten blieb nur das Vertrauen in Personen, insbesondere in den Chef der Firma, Wilhelm Poppensieker. Er gab sein Versprechen, alles zu tun, um dieses Bauwerk zu einem guten Ende zu führen, und er hat sein Versprechen gehalten. Es blieb das Vertrauen in den Chefingenieur des Hauses Heinz Buhr, daß er die neue Methode versteht und unter den verschiedensten ihm offerierten Methoden zur Fertigung und Montage diejenige heraussucht, die sowohl für seine Firma wirtschaftlich aber auch der technischen Aufgabe und der Sicherheit dienlich ist. Es war eine Aufgabe, die ihm trotz aller vorhandenen Kenntnisse und praktischen Erfahrungen niemand abnehmen konnte. Es gab durchaus Auseinandersetzungen um die jeweils sinnvollen Details oder über die Art der Montagemethode. Als

dann aber die mit Poppensieker verbundene Montagefirma Wehmeyer ihren Montageleiter Werner Toll auf die Baustelle entsandte, war damit ein aktives Bauteam vorhanden, mit dem ein auf optimistischer Ruhe basierender Schwung in den Bau kam. Toll mit seinen Erfahrungen als Zimmermann und Holzingenieur begriff, was hier insbesondere im Bereich der Montage her vom handwerklichen zu tun war, und er verstand sich mit den Architekten und den englischen Ingenieuren aufs Beste. Er ist ein Mann, der in hervorragender Menschenführung auch seine türkischen Arbeiter, unterstützt durch seine Meister Wilhelm Pieper und Felix Jentz als Vorbild, lenkte. Keinesfalls können hier die Herren Klaus Schleicher und Robert Fix der Firma Gärtner vergesen werden, die die Baufirmen koordinierten, die für die Herstellung der Stahlbauteile (durch Firma Hehn + Schmitt), der Stützen und Stahlbetonkonstruktion sorgten und letztlich die bauindustrielle Gesamtleistung des Vorhabens hatten.

Ein Lattenrost ist aber noch kein Dach. Da die Halle billig und zugleich lichtdurchlässig sein sollte, war geplant, ein möglichst haltbares Zelttuch darüberzuspannen. Angebote gab es von Stromeyer und der BfA (Ballonfabrik Augsburg), in Kooperation mit dem Koitwerk Rimsting von Herbert Koch. Da die BfA und Poppensieker als Firmengemeinschaft angeboten hatten, erhielt die BfA den Auftrag, um den sich Gerherd Endras und sein Chefingenieur Hans Baldermann hervorragend kümmerten. Das Material wurde bei der Degussa in St. Wolfgang hergestellt nach einem bereits bei den olympischen Dächern erprobten, aber doch neuen Verfahren. Es war für den Fertigungsingenieur der Degussa, Peter Krebs, nicht ganz einfach, die glasklare Beschichtung aus PVC ohne Löcher und Fehler auf das Trevira-Gittergewebe zu bekommen und die Termine einzuhalten. Er erhielt Hilfe von der Weberei und dem Faserhersteller, insbesondere durch das anwendungstechnische Team der Hoechst AG.

Die Membranhaut wurde in Rimsting überprüft und vorgefertigt durch Herbert Koch. Er überraschte uns mit dem Vorschlag, die Haut direkt auf die Schale zu spannen und dort hermetisch zu verschweißen, so daß eine kontinuierliche Dachhaut entstand. Wir waren erstaunt, wie gut es ihm gelang, die Haut fast faltenfrei zu verlegen, selbst über kleine Krümmungen hinweg und am schwierigen Eingang. Ohne Herbert Koch, seinen Bauleiter Florian Hoffmann und seine hervorragend technisch geschulte Mannschaft unter Herbert Kuntschner, die bei Kälte über die oft spiegelblanke nasse Haut liefen, hätte der Bau heute ein anderes und bestimmt nicht besseres Aussehen.

Die Arbeiten bei solchen Bauten laufen nicht hintereinander ab. Vieles geschieht gleichzeitig. Ungezählte Verhandlungen müssen geführt werden. Täglich 3-4 Besprechungen an verschiedenen Orten mit verschiedenen Persönlichkeiten. Deshalb hier noch ein Wort zur Behörde.

In Mannheim zeigte sich, daß das Bauordnungsamt unter Baudirektor Quick und dem Leiter der Abteilung Baustatik Horst Hinz mehr war als nur Bauaufsicht. Sie war Hilfe. Nie hatten die Planer den Eindruck, hier gegen eine Mauer zu laufen. Sie fanden offene Türen und eine optimistische Stimmung, die alle Beteiligten von sich aus, ohne aufgefordert zu sein, das Notwendige tun ließ. Das gilt insbesondere für den verantwortlichen Prüfingenieur Fritz Wenzel, der mit seinen Mitarbeitern Bernd Frese und Konrad Oertling die Berechnungen von OAP in Karlsruhe als auch in London überprüfte.

Was aber die Architekten Carlfried Mutschler und insbesondere Joachim und Winfried Langner während der Zeit des Baus der Schale mit Ihrem Baubüro direkt am Ort des Geschehens leisten mußten, übersteigt das normale Maß bei Bauten bei weitem. Nicht nur die Methode war neu für sie, sondern sie mußten täglich mit unvorhersehbaren Problemen kämpfen. Sie mußten ausgleichen, wenn Sand im Räderwerk war, sie mußten erklären, wenn unvorhersehbare Kosten entstanden und dazu noch täglich lieben und unlieben Besuchern Rede und Antwort stehen, über die Baustelle führen, Mögliches und Unmögliches erklären und für Verständnis werben.

Und schließlich ist noch der Bauherr zu nennen, der Aufsichtsrat unter dem Oberbürgermeister Ludwig Ratzel und dem Geschäftsführer der Bundesgartenschau Werner Haas, der vom Aufsichtsrat mit der Durchführung betraut ist und von dem alle Beteiligten verlangen, daß er aktiv alle Einrichtungen eines solchen riesigen Bauvorhabens mit Pflanzflächen, Wegeflächen, Gebäuden Fernmeldeturm, Aerobus leitet und der, wie jeder Mensch, der an solche Spitzenpositionen gesetzt wird, doch nur Vertrauen wiederum in Menschen setzen kann, die ihm helfen, solche Projekte zu realisieren. Einen solchen Menschen fanden wir besonders in seinem Stellvertreter Dieter Baumeister, der in Krisensituationen schnell, unbürokratisch und verantwortungsbewußt die Lage klärte.

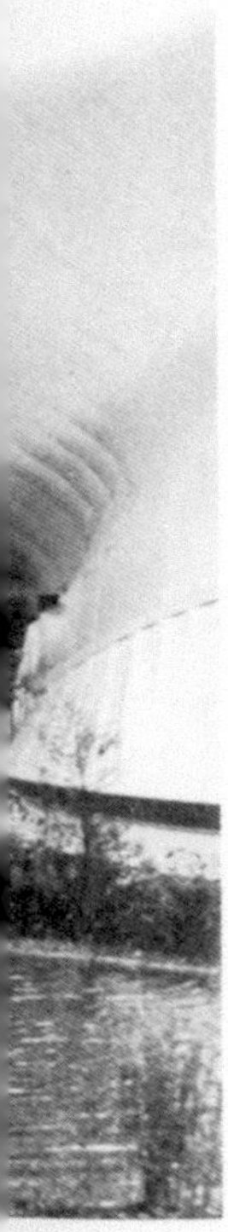

Solche außergewöhnlichen Projekte verlangen besonderes Standvermögen, das erst später richtig erkennbar wird, z.B. wenn eine Stadt feststellen kann, daß die Maßnahmen und Mittel, die zur Durchsetzung einer solchen Schau führten, planerisch und politisch trotz aller unvermeidbarer Fehler und Unzulänglichkeit richtig angesetzt wurden.

Ich glaube jedoch, daß in Mannheim die anfänglichen Schwierigkeiten letztenendes überwunden wurden und trotz des kleinen Budgets einer in Finanznöten stehenden Stadt eine Bundesgartenschau entstand, die dennoch nicht kleinkariert war und viele Freunde des Gartens angezogen hat.

Hier noch einige Worte in eigener Sache: Wenn jemand für eine Sache werbend durch die Lande zieht, verbindet man Erfolge und Mißerfolge mit seinem Namen, auch wenn der Arbeitsanteil seines Trägers nur gering ist. Von den vielleicht hunderttausend Arbeitsstunden, die alle für diesen Bau arbeiteten, wurden vermutlich weniger als 2% von mir selbst geleistet. Ich war zweifellos innerlich stark engagiert und stand dennoch in kritischer Distanz neben diesem Bau, der ein besonders starkes Eigenleben entwickelte, der unter der Pflege seiner Gärtner, den Mannheimer Architekten und Londoner Ingenieuren wie der Samen einer noch unbekannten Pflanze wuchs. Mein persönlicher Dank gilt hier besonders denen, die es mir selbst so leicht machten, sinnvoll in das Baugeschehen einzugreifen. Das sind Joachim Langner, Ewald Bubner und Edmund Happold mit Ian Liddell, Michael Dickson und Terry Ealey. Auch wenn sich heute alle Beteiligten darüber freuen, daß dieser Bau rechtzeitig fertig wurde, so sollten wir keinesfalls in unserer eigenen Begeisterung kritiklos sein. Sollte jemand der hier Beteiligten das Glück haben, eine ähnliche Aufgabe nochmals ähnlich zu lösen, müßte er manches besser machen. Wir werden diesen Bau jetzt sorgfältig beobachten. Vieles haben wir bereits gesehen, manches werden wir noch sehen. Ob jedoch diese wertvollen Erfahrungen irgendwann wieder im positiven Sinne in einen Bau einfließen, bleibt bisher nur ein Hoffnung.

September 1975

Frei Otto
THOUGHTS ON THE CONSTRUCTION OF GRID SHELLS AT MANNHEIM

First of all I would like to take the opportunity to direct some remarks to all those who have participated. I am not yet quite sure when I should start or where I should stop, whether, for example, I should mention first of all Mayor Ludwig Ratzel who with unparalleled persuasive power and his kind manner fought for this Bundesgartenschau (Federal Garden Exhibition), or whether I should first mention those workers from many countries who notwithstanding fog, rain, and cold climbed over flexible battens, tightened screws, spanned ropes, and exhibited excellent manual skills. They firmly believed in the right planning and the actual decisions for the erection, even when they noticed that this belief in those who directed them was not always fully supported by conviction. Perhaps I should first of all speak of those who created the draught, and improved and modified it, these architects who acquainted themselves with a new technical method in order to come to know its characteristic laws, aiming at understanding these laws and not to destroy or to alienate them by conspicuous manipulations for the sake of aesthetic fashion trends. These architects then patiently elaborated this building in all the stages of the main design, the details, and right up to the public tender and negotiated with the overall management of the Bundesgartenschau. During meetings of the Board of Directors they answered all sorts of questions, both kindly and critical. These architects furthermore carried out the difficult negotiations with the firms who were to do the actual work, firms that were to be awarded the contract because their bids were the most favourable, although they had not yet worked in this field.

However, before going on, I must recall Heribert Späh, our first engineer for this shell, to whom we were willing to entrust this building, because he knows the Mannheim scene so well and because this seemed to make sense within the framework of the garden exhibition. An ardent advocate of the new system, he approached this difficult building from the mathematical point of view. He also recognized, however, that for such building projects a far larger office capacity would be required than what was available at Mannheim. He had the courage to speak up and thus made possible the participation of Ove Arup and Partners of London. Heribert Späh remained constantly linked to the building. He assisted in the cooperation. with the authorities. He calculated and measured the total concrete foundations and the column support foundations as well as the footbridge and the restaurant.

The Warmbronn team joined the Mannheim garden exhibition at a very early date. Asked for advice by the builders because of its cooperation in other garden exhibitions, it was initially rather disappointed by the petty conception and withdrew until it was integrated in such a meaningful measure by Mutschler and Langner for the garden exhibition. Ewald Bubner, Mathias Banz, Jean Goedert, Alf von Lieven, Georgios Papakostas and Hans Theune built the design models for and with the architects at Warmbronn. They quickly started to develop the form-finding model in which a chain network with feathers was suspended by brass straps over a marmor plate in such a manner that right from the beginning it formed a feasible building as a compression stressed grid shell: a model that suits the functions, but, at the same time, has that special characteristic of increased quality required to lift a building out of the range of the merely functional, the merely economical and/or the merely technical, without in any way prejudicing these values, into that range where perhaps, architecture starts. To reach this stage much patience was required – chains were tied, mounted, modified, and measured. Furthermore fundamental details were developed in draughting, built in larger models, and discussed with the architects, engineers and the building firms. Ewald Bubner was the director and coordinator of all these activities.

The Mannheim shell is unthinkable without a rather long introductory explanation. In this context I would like to touch only on the most recent aspects. Thus the building contractors Wolff & Müller of Stuttgart erected two predecessors of the Mannheim shell, under the direction of Rolf Gutbrod and Fritz Leonhardt, in Montreal. During the years 1972 and 1974, a research team worked at the Institute for Lightweight Structures (IL) of the University of Stuttgart in a joint project of international cooperation between Japan and West-Germany, under the direction of Takeshi Hasegawa and Kenzo Tange, financed by the Seibu Construction Company and its open minded president, Tsutsumi. (The members of the team: Jürgen Hennicke, Kazunori Matsushita, Keizo Satako, Eda Schaur, Toshiyuki Shirayanagi with Günter Gröbner).

The new construction method was explained for the first time in a recently published book (IL 10 *Gitterschalen – Grid Shells*, 340 pages, Stuttgart 1975, publisher: Institute for Lightweight Structures – IL). The building project at Mannheim was able to make use of several results of this work, e.g., the newly developed rings and little hooks fort he precision model building. The model built in Warmbronn was measured by stereophotogrammetry by the team for Applied Geodesy of the University of Stuttgart, under the direction of Klaus Linkwitz and Hans-Dieter Preuss. With the help of large computers the equilibrium of forces was controlled mathematically, and thus the form was determined exactly by measure and number. Starting from this point, the Linkwitz team succeeded for the first time in conceiving of a light-surface structure, starting from a highly complicated form of the model, in such a complete manner that even the production plans could be draughted automatically by the computer. This task was done so matter of factly and quietly that many participants were not even aware of it.

At this point, I must mention Sir Ove Arup who came to Stuttgart in 1968, when he was 73 years old, and, with great interest, studied the investigations on lath domes at the Institute for Lightweight Structures and at Warmbronn, finally declaring that he was ready to effectuate the plans for such a building with the whole force of his organization. I must mention his junior partner, Edmund Happold, the director of Structures 3 of O.A.P. (Ove Arup and Partners) with whose help, and under the direction of Rolf Gutbrod, we then designed a shell for the banquet hall of the conference centre in Mecca. In this project, for the first time, we applied the form-finding method, which was later used at Mannheim.

What began for Sir Arup's engineers Ted Happold and Ian Liddel at the end of the year 1973 was a fight for this building. At that time, there were no proven methods with which to comprehend such a shell. When the work was started, there was only the confidence that it could be done. Soon, however, this confidence was confirmed by systematic work.

When Linkwitz had concluded his calculations, they were integrated, adapted to computer programmes, and many new models were built to measure wind forces to prevent the buckling by snow, to study the erection processes and to grasp the materials properties, so that a realistic analysis would result. The principal load was largely on the shoulders of Ian Liddell end Michael Dickson. When the O.A.P. then even took over the planning of the mounting, Michael Dickson and Terry Ealey checked the erection of the hall with its 34,000 bolts and its 72 km of laths and ropes. Thanks to their care and sense of responsibility both were able to inspire great confidence in all the parties involved.

The firm Poppensieker at Löhne submitted the lowest bid and was entrusted with the execution. In spite of the firm's reputation in timber construction, the planners did not know them. And this was the question, namely, whether, like the firm of Wolff & Müller, before them, they would be able to adapt to a building procedure previously unknown to them. Nobody know how great their staying power would be in the face of the sorts of events that always occur in such projects, but which, are nevertheless, called "extraordinary". The architects could only have confidence in the persons, in particular in the head of the enterprise, Wilhelm Poppensieker. He promised to do his best to complete this building successfully and he kept his promise. It was also necessary to have the confidence that the principal engineer of the contractor, Heinz Buhr, would understand the new method and that he would chose from among the methods offered for implementation and erection the one that would be economical for his firm and appropriate for the technical objective and safety. This was a task that in spite of all knowledge available and in spite of all practical experience, nobody could do for him. It is true there were differences of opinion as to the significant details or as the manner of the suitable erection method.

When the firm Wehmeyer, specializing in erection, and linked with Poppensieker, sent its director for erection, Werner Toll, to the building site, an active building team was put together, thanks to which an impetus based on a quiet optimism was brought to the building. Toll, with his experience as a carpenter and timber engineer, understood what was to be done, in particular in the field of erection, from the point of view of the craftsman. Furthermore he worked very well along with the architects and the English engineers. An excellent leader of men, he guided his Turkish workers, aided by his foremen Wilhelm Pieper and Felix Jentz. On no account, should I wish to forget to mention Messrs. Schleicher and Fix, of the Gärtner company, who were responsible for the coordination of the building firms, which were in their turn responsible for the production of the steel building parts (by Hehn & Schmitt), the columns, and the steel-concrete structures and, finally, were in charge of the constructional and overall industrial direction of the project.

A lath grate, however, is still not a roof. Since the hall was to be both inexpensive and, at the same time, translucent, it was planned to span translucent canvas, as resistent as possible, over the whole structure. Offers were submitted by Stromeyer and the BfA (Ballonfabrik Augsburg), in cooperation with the Koitwerk Rimsting of Herbert Koch. Since BfA and Poppensieker had offered a joint venture of their firms, the BfA was entrusted with the order which was excellently dealt with by Gerhard Endras and his chief engineer Hans Baldermann. The material was produced by Degussa at Wolfgang, according to a procedure used for the Olympic roofs, but still new. It was not very easy for the production engineer of Degussa, Peter Krebs, to place the tissue of Trevira and to make all the deadlines. He was assisted by the weaving-mill and the fibre producer, and in particular by the technical applications team of Hoechst AG.

The membrane skin was tested at Rimsting and prefabricated by Herbert Koch. He surprised us all with his proposal to span this skin directly on the shell and to weld it there hermetically so that a continuous roof skin would be formed. We were thoroughly astonished to see how well he succeeded in placing the skin, with almost no folds, even over small bends and over the particularly difficult entry. Without Herbert Koch, his construction supervisor, Florian Hoffmann, and his extremely well-trained team, under the direction of Herbert Kuntschner, who in the cold, moved about over the wet skin, which often was as slick as a mirror, the building would look different today, and certainly not better.

The work on such buildings does not take place consecutively, much is done simultaneously. Innumerable negotiations take place. Every day, there are three to four meetings at different places with different persons. For that reason, I would like to add some remarks about the authorities.

At Mannheim it was shown that the municipal construction department, under construction director Quick and the head of the department building statics Horst Hinz, was more than a bureau for the supervision of construction. They were of real help. The planners never got the feeling of running against a blank wall. They found open doors and a cheerful mood, which induced all participants to do what was necessary without being asked to do so. This was especially true of the responsible test engineer Fritz Wenzel, who, with his co-workers Bernd Frese and Konrad Oertling, checked the calculations by O.A.P. at Karlsruhe as well as in London.

What the architects Carlfried Mutschler and in particular Joachim and Winfried Langner had to do during the period of the shell construction, with their office directly at the site where everything was going on, by far surpasses the normal measure. Not only was there the new method, but every day they had to battle with unforeseen problems. They had to compensate when sand had got into the sifting apparatus, they had to explain when unexpected costs arose, and on top of this, every day, they had to answer and inform invited and uninvited guests, to show them round the building site, to explain everything possible (and impossible) and to seek understanding.

And finally, I must mention the builder, the Board of Directors under Mayor Ratzel, and the Manager of the Bundesgartenschau Werner Haas, who was entrusted by the Board of Directors with the execution and of whom it was required to actively direct all aspects of this giant building project, with its planted areas, footpaths, buildings, television tower, and airbus and who, like any other human being in charge of such a task, is only able to put his trust in the people helping him to realize such a project. One such person, especially, was his representative, Dieter Baumeister, who, in critical situations, solved problems quickly, with minimal red tape, and with complete responsibilitiy.

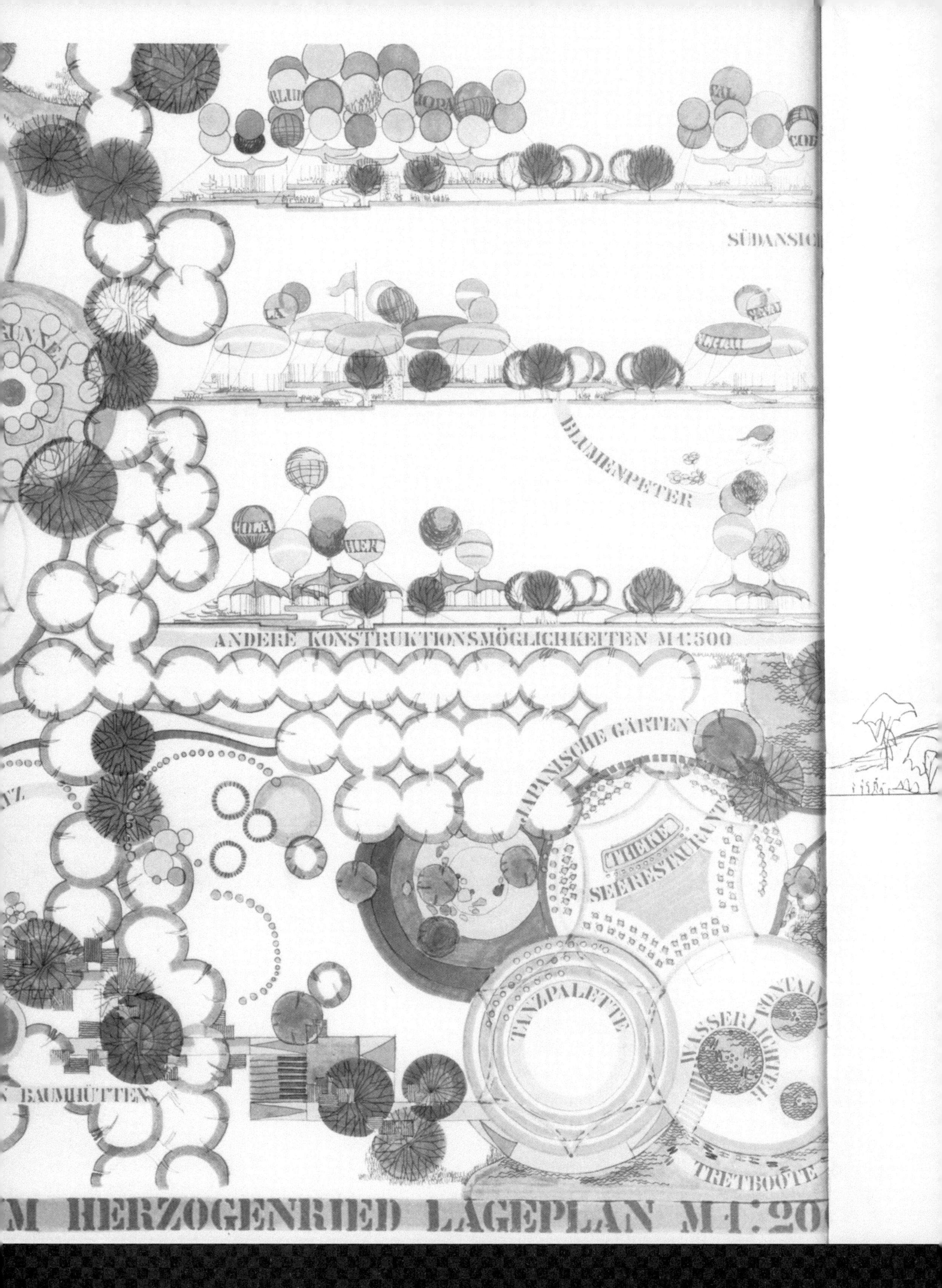
SÜDANSIC
BLUMENPETER
ANDERE KONSTRUKTIONSMÖGLICHKEITEN M 1:500
JAPANISCHE GÄRTEN
THEKE
SEERESTAURANT
TANZPALETTE
WASSERLICHTER
TRETBOOTE
BAUMHÜTTEN
M HERZOGENRIED LAGEPLAN M 1:20

Such extraordinary projects require particular endurance, which can be appreciated in their full scope only later, e. g., when a town can determine that the modes of action and means that lead to the implementation of such an exhibit were taken correctly from the planning and the political point of view, in spite of all unavoidable mistakes and insufficiencies.

I believe, however, that at Mannheim the initial difficulties were overcome in the end and that, in spite of the small budgets of a town in financial difficulties, a Bundesgartenschau was made which was not merely petty and which will attract many devotees of gardens.

And a few words on the personal level: When someone publicizes a given thing throughout the country, successes and failures are linked to his name, even if the man played only a small part in the event. Of the many hundred thousand man-hours put into the construction, my contribution probably represents less than 2 %. No doubt, I have been very heavily involved sentimentally. At the same time, however I kept a critical distance from the construction, which develops a rather strong life of its own, with the assistance of its gardeners, the architects of Mannheim, and the engineers of London, like a seed of a hitheto unknown plant. My personal thanks are directed in particular to those who made it so easy for me to involve myself meaningfully in the building process. I am referring to Joachim Langner, Ewald Bubner, and Edmund Happold together with Ian Liddell, Michael Dickson, and Terry Ealey.

Even if all the participants are happy today that this building was completed on time, we should not forget to temper our enthusiasm with criticism. If one of the participants had the opportunity to solve a similar problem in future, he would wish to change many things. Now we shall watch this building very carefully. Already we have seen much, but we shall still see more. Whether, however, these valuable experiences will further influence any other building in a positive sense remains only a hope.

September 1975

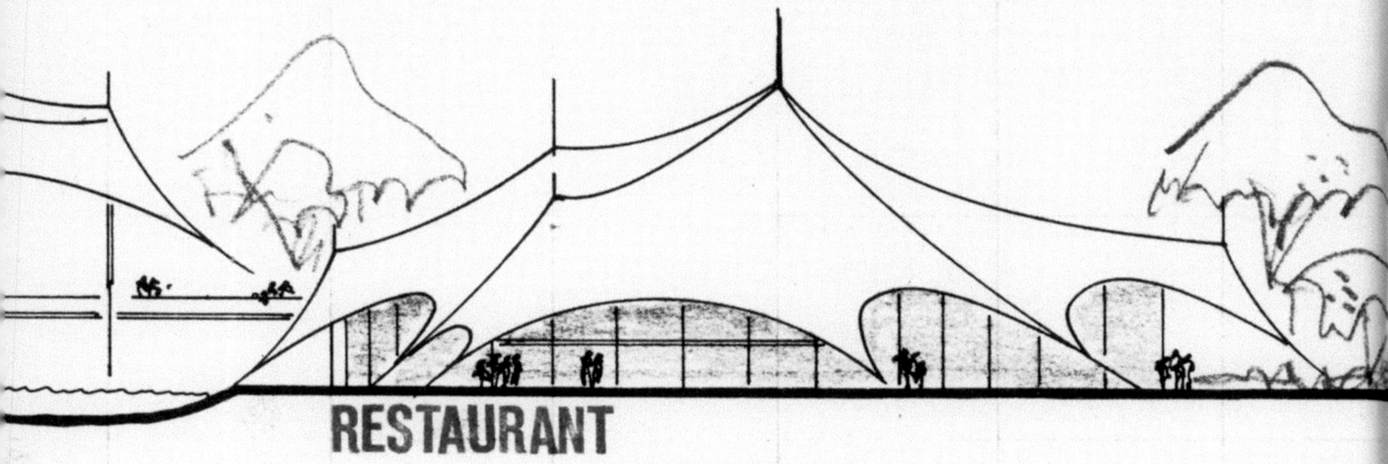
RESTAURANT

RESTAURANT

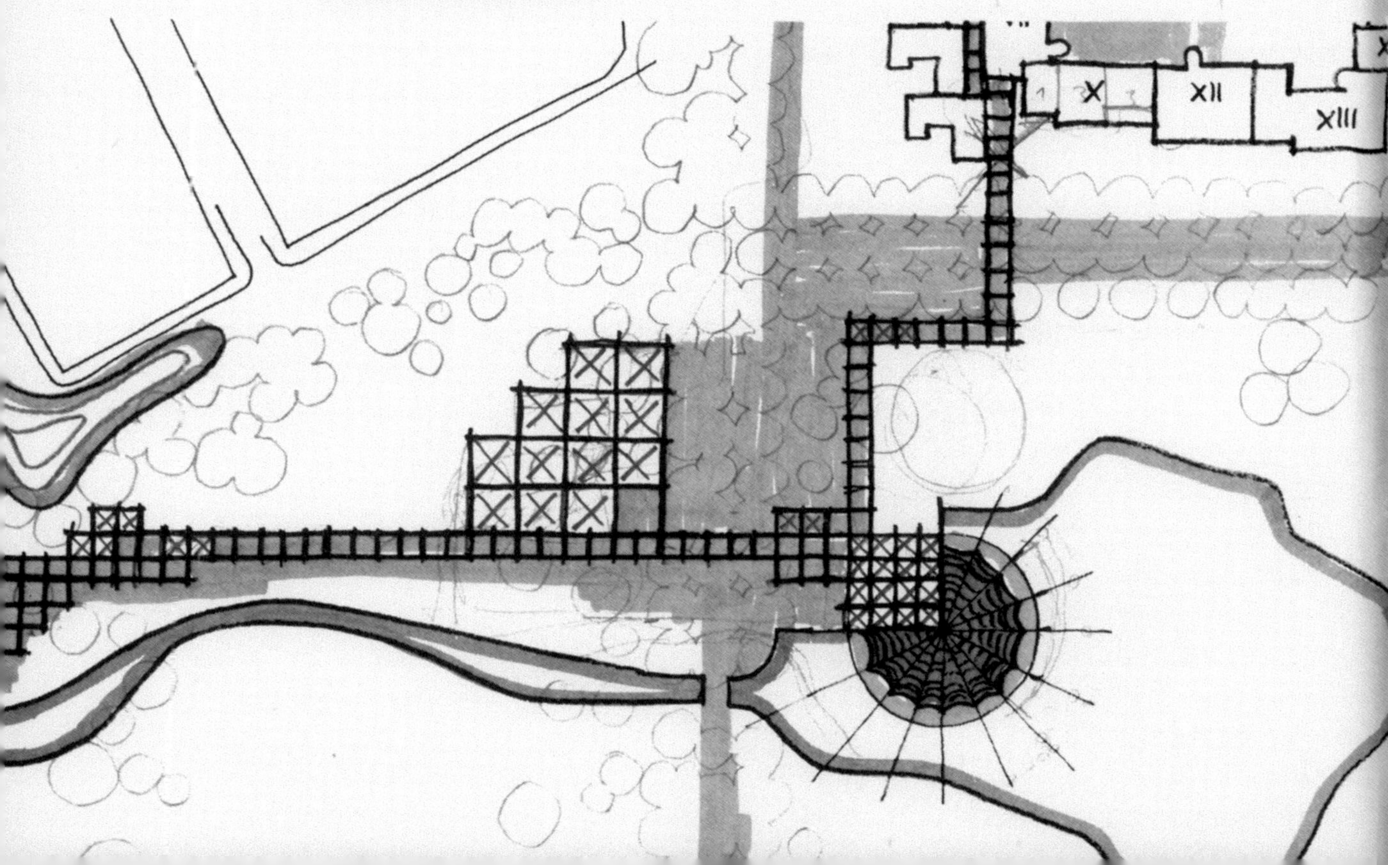
X
XII
XIII

Carlfried Mutschler
GRUNDKONZEPTION

Im Januar 1970 fiel die Entscheidung, die Bundesgartenschau 1975 in Mannheim stattfinden zu lassen. Daraufhin wurden zwei bundesoffene Wettbewerbe ausgeschrieben, bei denen Gruppen, bestehend aus Architekten sowie Garten- und Landschaftsarchitekten, ihre Vorstellungen über die beiden zukünftigen Gartenschaugelände zu Papier bringen sollten.

Das Architekturbüro Carlfried Mutschler + Partner, Mannheim, mit dem Gartenarchitekten Heinz H. Eckebrecht, Frankfurt, entwickelte als Preisträger für den Bereich des Herzogenriedparks die Gesamtplanung.

Kennzeichnendes Element dieses Gartenschaubereiches sollte eine Informationsachse werden, die den Besucher vom Haupteingang Meßplatz im Westen quer durch den Park bis zur neu errichteten Wohnbebauung an der Hochuferstraße im Osten leiten sollte.

Im weiteren Verlauf der Planung wurden eine Reihe von Varianten erarbeitet, bei der die verschiedensten Nutzungen, Standorte und Konstruktionen untersucht wurden. Alle diese Varianten zeigten entlang der baulichen Leitlinie einer Pergolastruktur aneinandergereiht Funktionsbauten wie Kassen, Verwaltung, Bank, Post, Laden, Kinderspielstube oder auch Erfrischungs- und Ausstellungsräume, deren Wegführung von einem langgestreckten S-förmigen Wasserlauf und kräftiger Bodenmodellierung begleitet werden sollte.

Schon bald kristallisierte sich als Rückgrat dieser Informationsachse und als Mittelpunkt des gesamten Parkgeländes ein Hallenbereich mit Café und Restaurant heraus. Dieser sollte mit einem Gefüge von überdeckten, offenen und architektonisch gefaßten Räumen in Einklang mit den ihn umgebenden Hügeln, Wasserlauf und Modellbootsweiher zu einer Kunstlandschaft von prägnanter Eigenart gestaltet werden.

Es war von Anfang an klar, daß die Architektur sich in ihrer Formensprache den speziellen Anforderungen und der besonderen Atmosphäre einer derartigen Gartenschau anzupassen hatte.

Bereits der Wettbewerbsplan sah als zentralen Bereich einen großen, überdachten Treffpunkt für Aktivitäten verschiedener Art und ein Café-Restaurant mit Sitzterrasse am Wasser vor. Für das Café war damals eine dem Standort angemessene luftige, gestaffelte Holzkonstruktion vorgesehen, die Überdachung des Treffpunktes sollte aus aneinandergereihten großen Schirmen bestehen, die an darüberschwebenden Gasballons aufgehängt werden sollten.

Rücksprache mit Ballonfirmen zeigten zwar Schwierigkeiten auf, doch wäre eine derartige Idee technisch zu realisieren. Baurechtliche Einwände waren jedoch so schwerwiegend, daß wir den Gedanken fallen ließen. Unter anderem hätte man die Ballons ab angemeldeter Windstärke 7 einziehen müssen.

Auch wenn die Idee der schwebenden Ballons nicht zu realisieren war, wurden zunächst die Gedanken nicht aufgegeben, im Zentrum des Parks einen luftigen, lustigen Blickfang mit Hilfe von großen Ballons zu schaffen, die zugleich den darunterliegenden Bereichen als Dach dienen sollten.

In der Folgezeit wurden die verschiedensten Arten von pneumatischen Konstruktionen untersucht, angefangen von kugelförmigen, an Stützen aufgehängten Luftballons, (Bild) über in Stahlrahmen eingespannte Luftkissen bis hinzu freien Formen zweischaliger Pneus.

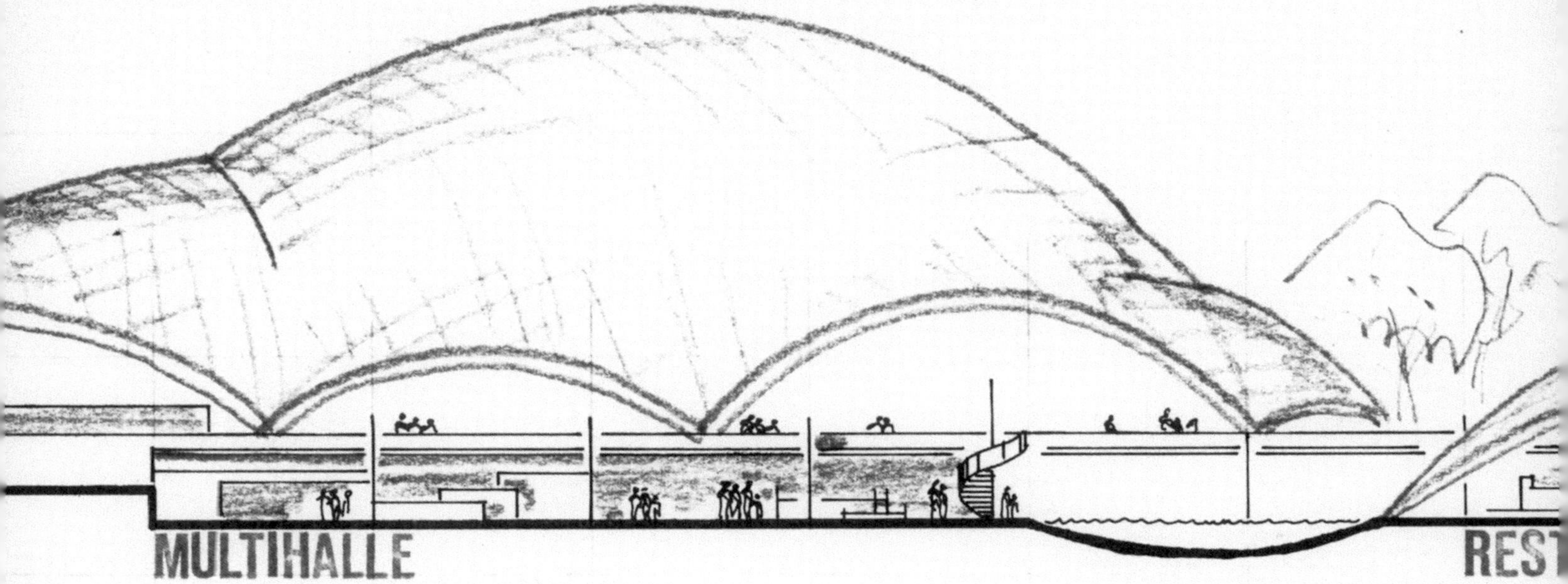
MULTIHALLE
REST

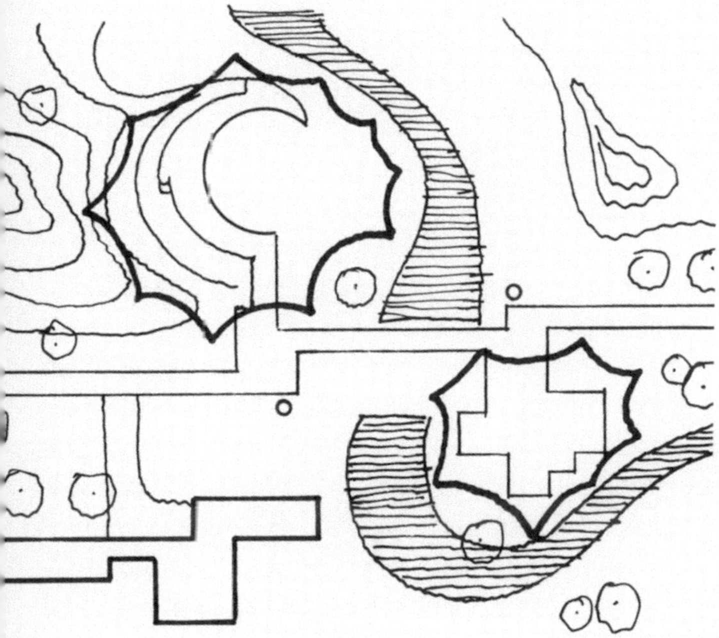

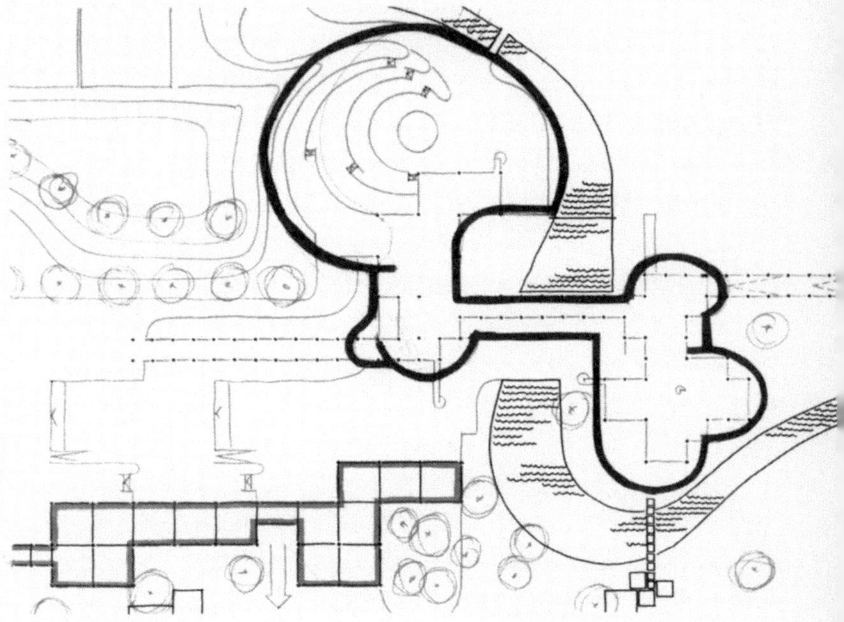

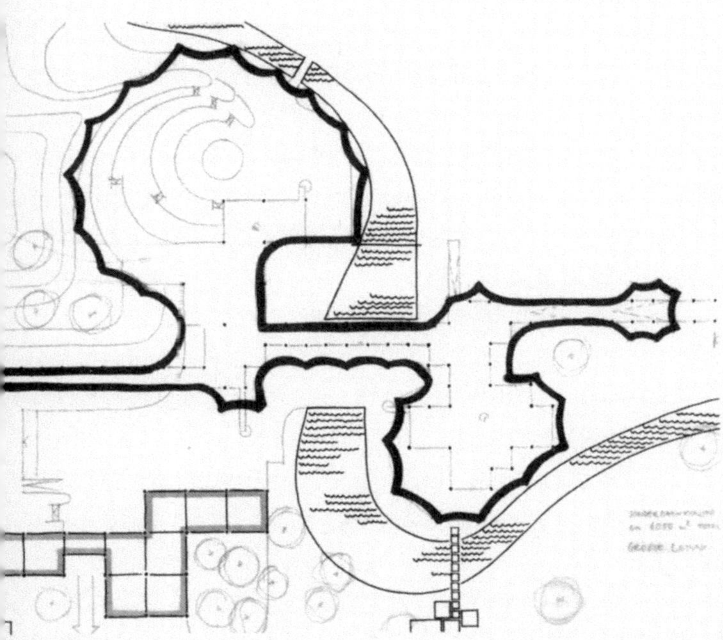

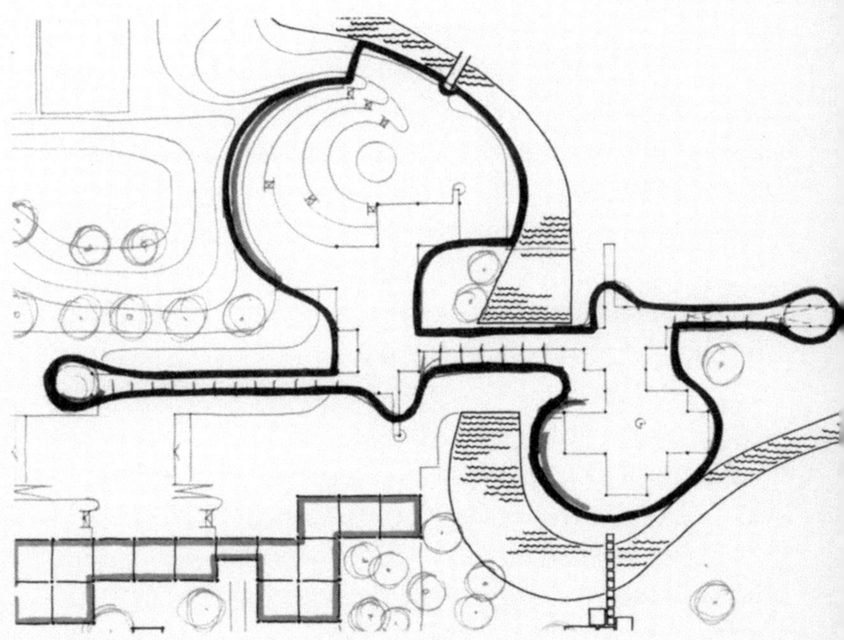

All diese zweischaligen Konstruktionen brachten den Nachteil der hohen Material- und Zuschnittskosten mit sich, die mindestens doppelt so hoch liegen wie bei einer einschaligen Traglufthalle. Rundum abgeschlossene luftdichte Traglufthallen kamen für einen derartigen Bereich nicht in Frage, so daß die weiteren Überlegungen relativ schnell zu verschiedenartigen Zeltkonstruktionen überwechselten. Die parallel zu dieser Arbeit laufenden Vorentwürfe des Gartenarchitekten sahen mehr und mehr eine Modellierung des Eingangsbereiches vor, und es wurde angestrebt, eine Fortführung der natürlichen Hügellandschaft mit den Mitteln der Architektur zu erreichen.

Künstliche Hügel aus Leimbinderkuppeln konnten nicht so recht befriedigen, da erinnerte man sich an Frei Ottos ingeniöse Idee der Gitterschalen (Conrad Roland: *Spannweiten*) und besprach mit ihm und Ewald Bubner die Möglichkeit, eine solche Konstruktion zu verwirklichen.

Schnell wurde Einigkeit erzielt, daß die oben geschilderte Vorstellung sich am besten mittels Gitterschalen verwirklichten ließen, und die Architekten machen sich nun unterstützt vom Atelier Warmbronn an die weitere Durchplanung.

Etwa gleichzeitig mit der Wahl der Konstruktion legten Architekten, Gartengestalter und Bauherrschaft endgültig die Standorte der verschiedenen Funktionen fest: Die Wegführung vom Eingangsbereich brachte es mit sich, daß die Besucher in zwei Ebenen – einerseits vom hochgelegenen Aerobusbahnhof und andererseits von der Parkebene her – in den Kommunikationsbereich geführt werden. Dadurch ergaben sich automatisch zwei fast gleichwertige Besucherebenen, die untere mit dem Eingang zur unteren Hallenebene und zum Restaurantkern vorbei an verschiedenen kleineren Ausstellungen, und die obere zu den Hallenterrassen und über die Besucherstege zur Caféterrasse auf dem Restaurantdach.

Die Höhenlinien des Hügels wurden in der Halle durch die zentrisch angelegten Terrassen weitergeführt und sind deutlich ablesbar. Sie umgreifen nun einen Aktionsraum, der für Freizeitaktivitäten, für sportliche und spielerische Ereignisse ebenso wie für Konzerte, Theaterszenerien, Blumenschauen und viele andere Darbietungen eine variable Plattform abgibt.

Seine unkonventionelle Atmosphäre soll einem klimageschützten Marktplatz nahekommen. Bewußt wurde dieser Aktionsraum eng mit verschiedenartigen Möglichkeiten zur Ruhe und Erfrischung gekoppelt, und so sind Restaurant mit Dachterrasse, für Stoßzeiten Gartencafé mit Blick zum Schwimmbad und Biergarten am Wasser wichtige Bestandteile dieses vielfältigen Raumangebots.

Im folgenden entstand in dauerndem Wechselgespräch Grundrißfindung und Kuppelformfindung. Die architektonische Grundkonzeption und Ausformung des Unterbaus – nämlich eine starke Bindung von Halle und Restaurant zu erreichen bei gleichzeitiger Eigenständigkeit dieser beiden Bereiche –, fand ihre wesentliche Entsprechung in der Überdachung mit einer zusammenhängenden Dachgroßform und deren verschiedenartigen Wölbungen und Kehlungen. Diese Entwurfsidee, einen räumlich-plastischen Gesamtorganismus zu schaffen, sollte nun also mit Hilfe der alles überspannenden Holzgitterschale verwirklicht werden.

ite
ıd his
Frei
d Ewald
ture.

as des-
ells. The
rkshops,

ucture
pers and
ıctions.

ommuni-
vels -
an upper
us, auto-
e created.
l, the
urant
er would
visitors'
oof of

n the hall
be
vities
ure
well as
other

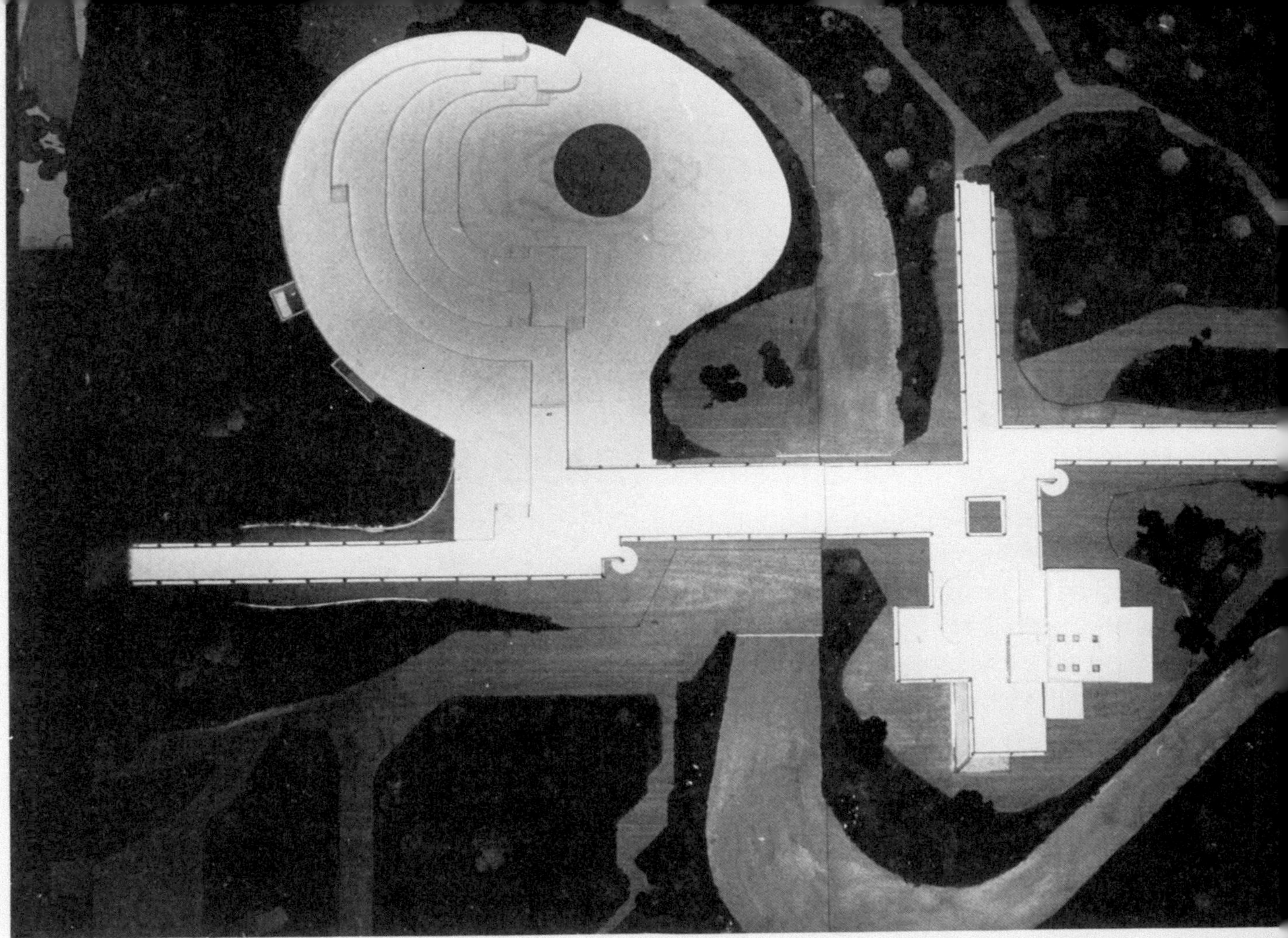

In January, 1970, it was decided to hold the Bundesgartenschau, 1975, at Mannheim. Two tenders were then published throughout the Federal Republic, teams consisting of architects and garden and landscape architects were requested to present their ideas on the two projected areas of the garden exhibition.

Carlfried Mutschler & Partners of Mannheim, architects together with Heinz H. Eckebrecht of Frankfurt, landscape architect, as prize winners, developed the masterplan for the area of the Herzogenried Park.

This area of the Bundesgartenschau was to have as a characteristic an information axis which was to lead the visitor from the main entrance, or square, of the fair across, in the west through the park, up to the newly established residential buildings in the Hochuferstrasse on the east.

In the course of planning, a number of variations were elaborated. They investigated the most differing uses, locations, and structures. All these variants included, along the construction guide lines, a pergola structure along which functional structures were arranged in a row, such as ticket offices, administration building, bank, post office, shops, children´s playroom, refreshment stands and exhibition rooms. The path along these structures was to be accompanied by a long, extensive S-shaped watercourse and an artificial contouring of the ground.

Very soon a hall area with coffeehouse and restaurant turned out to be the vertical spine of this information axis, as well as the centre of the whole park area. This area was to be created with a range of covered, open, and architecturally enclosed spaces and to be integrated harmoniously into the surrounding hills, the watercourse and the pond for model boats, thus forming an impressive artificial landscape.

It was evident from the beginning that the architectual expression had to adapt itself to the specific requirements and the special atmosphere of such a garden exhibit.

The plan for the competition included a large covered meeting place for a variety of activities and a coffee-house-restaurant with a terrace on the water, as a central area. At that time an airy, graded wood structure suitable to the location was planned for the coffeehouse. The roofing of the meeting place was to consist of large umbrellas arranged in a row, on which gas-filled balloons that would float above were to be hung. However, in the discussions with the firms producing balloons, questions were raised as to whether such an idea could be implemented from the technical point of view. And objections raised on the basis of building laws were so serious that we gave up the idea. Among other problems, the balloons would have to be lowered if the windspeed reached seven. If it was not possible to realize the idea of floating balloons we did not initially give up the idea of creating an airy, gay focal point in the centre of the park, with the help of large balloons, which at the same time would serve as a roof for the areas beneath. Next, the most varied sorts of pneumatic structures were investigated, starting from spherical balloons that were to be suspended on columns (see picture of the air-cushions spanned on steel frames) to double-layered, free from pneus.

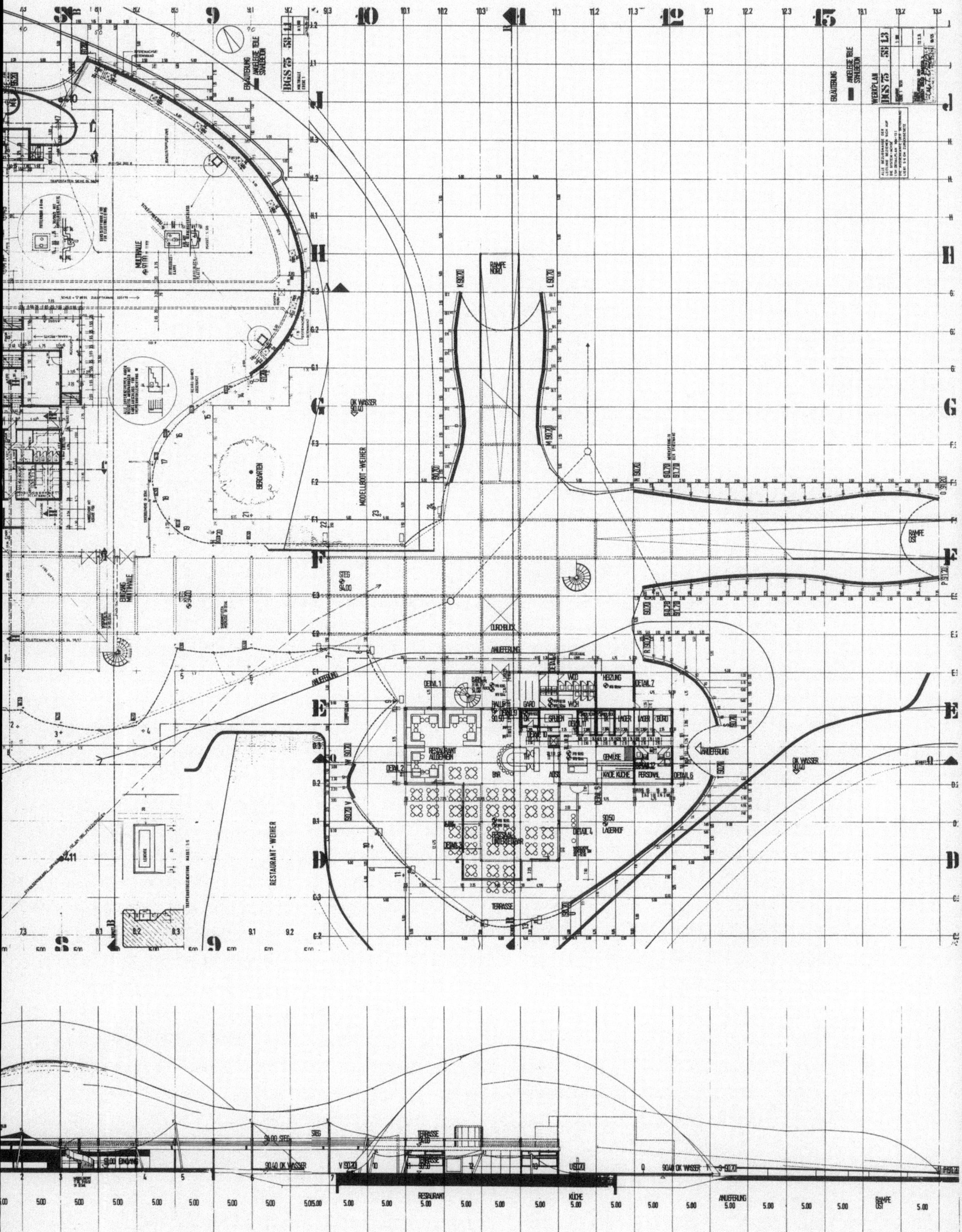

WERKPLAN
BGS 75
RAMPE NORD
MODELLBOOT-WEIHER
OK WASSER 90.40
BERGARTEN
MULTIHALLE
EINGANG MULTIHALLE
STEG
DURCHBLICK
ANLIEFERUNG
RESTAURANT AUSSEN
BAR
HEIZUNG
SPÜLEN
LAGER
BÜRO
GEMÜSE
KALTE KÜCHE
PERSONAL
LAGERHOF
TERRASSE
RESTAURANT-WEIHER
RAMPE OST
90.00 STEG
90.40 OK WASSER
RESTAURANT
KÜCHE
RAMPE OST

All these double-layered structures had the disadvantage of high costs for materials and production, which were at least double those of a single-layered air-supported hall. Air-supported halls completely closed on all sides could not be considered for such an area. Thus further considerations turned relatively quickly to the various tent structures.

The preliminary designs of the garden architect, which ran parallel to this work, more and more provided for the contouring of the entrance area, striving for a continuation of the natural hilly landscape by architectural means.

Artificial hills of glued domes did not seem quite satisfactory. Then we remembered Frei Otto and his ingenious idea of grid shells (Conrad Roland: *Frei Otto – Structures*). We discussed with him and Ewald Bubner the possibility of effecting such a structure.

We quickly reached an agreement that the ideas described above would best be realized by grid shells. The architects, with the help of the Warmbronn workshops, started to prepare their plans.

At about the same time the selection of the structure was arrived at, the architects, garden landscapers and builders fixed the locations of the different functions.

The result was that visitors were led into the communication area, from the entrance area on two levels – from the aerobus station, which was located at an upper level and from the lower level of the park. Thus, automatically, two nearly equal visitor levels were created. With its entrance to the lower level of the hall, the lower level would lead to the core of the restaurant and along various smaller exhibitions. The upper would lead to the terraces of the hall and along the visitors' footbridge to the coffeehouse terrace on the roof of the restaurant.

The contour lines of the hill were continued in the hall by the centrically arranged terraces, and can be clearly recognized. They now include an activities room, which offers a variable platform for leisure activities, sports and other play activities, as well as for concerts, theatre, flower shows, and many other performances.

The unconventional atmosphere is intended to approach that of a fully air-conditioned marketplace. This activity space was consciously coupled closely with the various possibilities for relaxation and refreshment. During rush-hours the restaurant with its roof terrace becomes a garden cafe with a view of the swimming pool and the beer-garden on the water and an important part of this manifold spatial offer.

The determination of the ground plan and the dome form were created in a continous dialogue. The architectonic basic concept and the formation of the foundation – i. e. a strong connection of hall and restaurant to be attained, at the same time, with an independence of these two areas – was essentially expressed in the roofing of a connected gobal roof form with its various arches and valleys.

This design idea of creating a spatially plastic total organism was then to be realized by means of the wooden grid shells spanning everything.

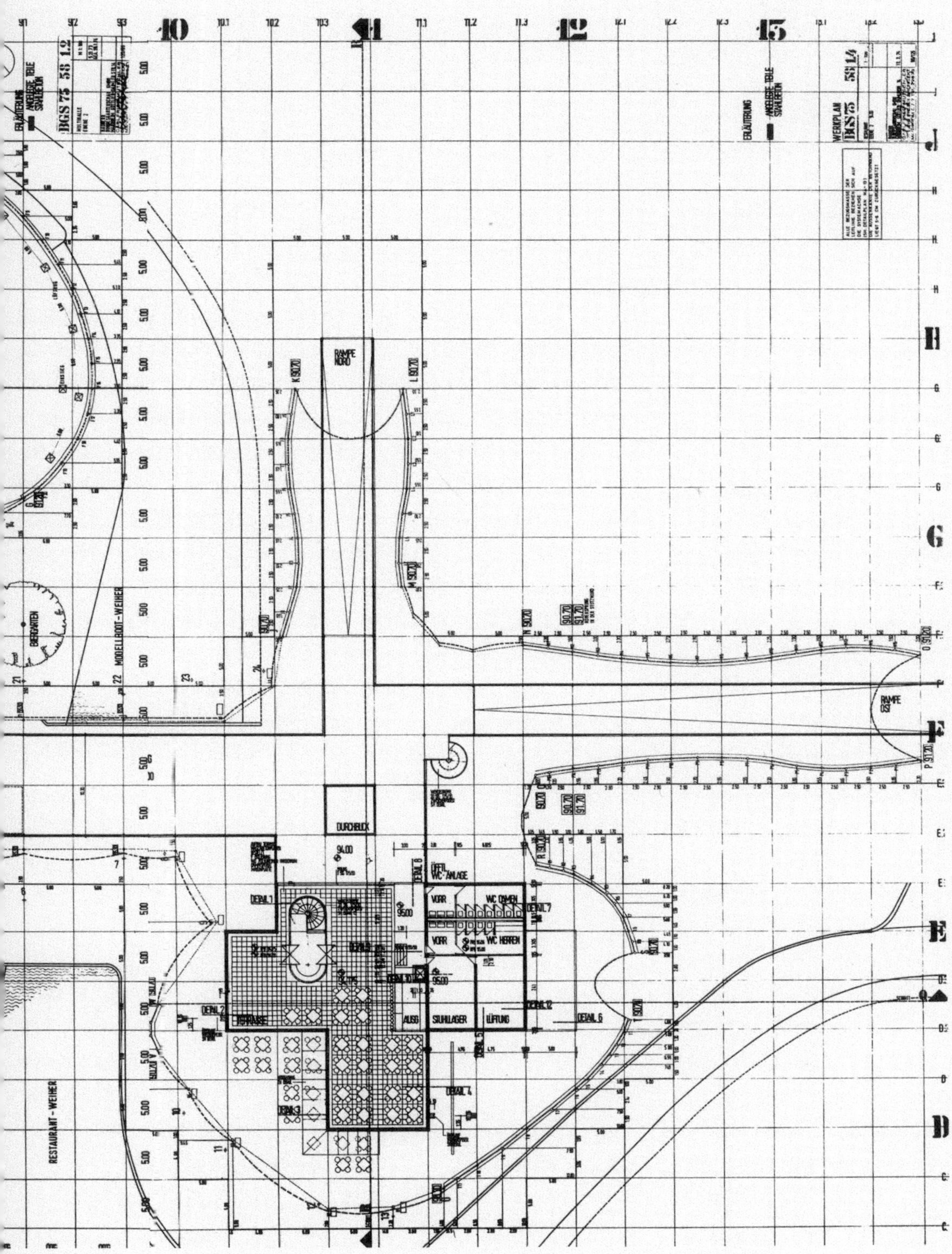

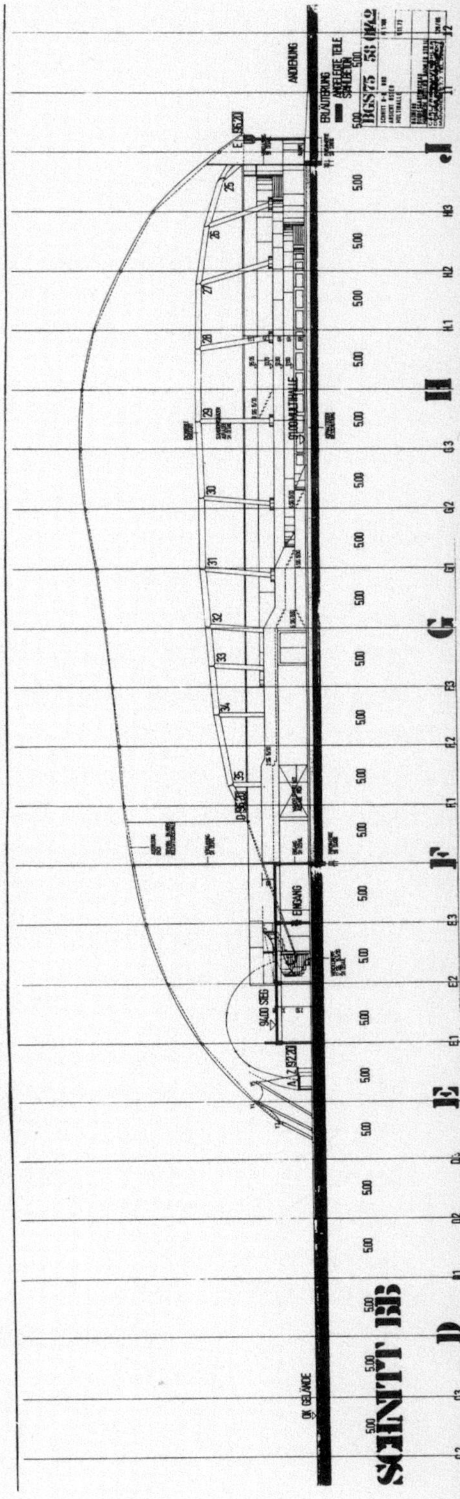

SCHNITT BB

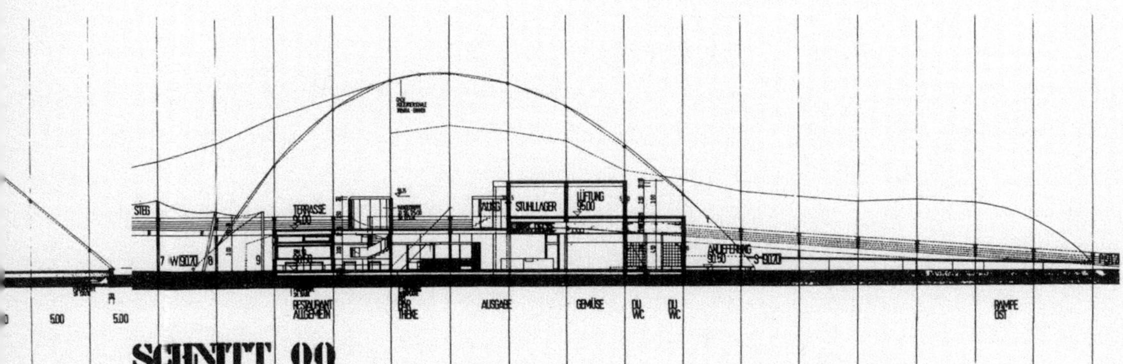

SCHNITT QQ

Ewald Bubner
DIE FORMFINDUNG DER GITTERSCHALE

Ausgangsbasis für die Formfindung der Gitterschale mit Hilfe eines hängenden Netzes war das Drahtmodell des Vorentwurfs. Dieses Modell war das Ergebnis der gemeinsamen Entwurfsarbeit des Büros Mutschler u. Partner und dem Atelier Warmbronn (Abb. 2). – Seite 193 In diesem Modell 1:500 konnte die vermutete endgültige Form, die aus dem Hängenetz resultiert, nur grob vorgegeben werden. Trotzdem war es möglichst genau zu vermessen, um für die Größe des zu bauenden Netzes einen provisorischen Anhaltspunkt zu haben.

Mit Hilfe von Zwirnsfaden, die man in vorgegebenen Abständen, hauptsächlich an den Hauptkrümmungen über das Netz des Vormodells spannte, konnte Länge und Breite der Fläche annähernd abgewickelt werden. Dieses Modell, ein hängendes Netz, simuliert die Gittermaschen des stehenden druckbeanspruchten Gitterrostes aus Holz. Bei solchen hängenden Netzen treten im Eigengewichtszustand nur Zugspannungen auf. Die Umkehrung der Hängeform ergibt die Stützfläche der momentfreien, nur von Druckkräften beanspruchten Gitterschale mit Eigengewichtsbelastung. Wenn keine äußeren Lasten wie Wind und Schnee einwirken, treten keine Biegespannungen auf. (Detaillierte Ausführungen über Formfindungsmethoden siehe IL 10, Abschnitt B). Bei größeren Gitterschalen kann nicht jede Latte im Modellnetz dargestellt werden. Das Modell wird entweder zu groß oder die einzelnen Kettenglieder für eine manuelle Bearbeitung zu klein. Hier bietet es sich an, jede 2., 3., oder 5. Masche zu simulieren und die Zwischenwerte bei der Auswertung des Modells zu interpolieren. Im Formfindungsmodell für die Mannheimer Schale (ca. 1:1 00) wurde jede 3. Masche des 10 cm Maschenrasters dargestellt, d. h. die Systemlänge im Modell betrug 15 mm, die 1,50 m der Hauptausführung entsprachen (Abb. 3). – Seite 193

Das Formfindungsmodell baute auf Systemlinien bzw. Systemflächen auf. Das Modellnetz simulierte also die Systemfläche der Holzgitterschale. Besteht die Gitterschale aus einem einfachen Rost, dessen Stäbe in den Kreuzungspunkten nahezu rechtwinklig verlaufen, so liegt die Systemfläche zwischen den sich kreuzenden Flächen. Bei einem doppelten Rost liegt sie in der Mitte der insgesamt 4 Stäbe, von denen jeweils 2 – einer über, der andere unter der Systemfläche – in gleicher Richtung verlaufen (Abb. 4). – Seite 193

Am Rand trifft die Systemfläche der Schale auf die Systemlinie der Randkonstruktion. Hier wurden ebenfalls die einzelnen Bauglieder im Modell so gewählt bzw. ausgebildet, daß die Systemlinie erkennbar ist (Abb. 5). – Seite 195 Entwurf nicht ausgeführt.

Das Netzmaterial des Formfindungsmodells wurde maschinell hergestellt. Die Einzelteile wurden in einer besonderen Studienarbeit für solche Formfindungsmodelle vom Institut für leichte Flächentragwerke, Universität Stuttgart, entwickelt. Aus nur zwei Typen von Kettenelementen konnte ein beliebig großes Netz mit winkelverschieblichen Maschen hergestellt werden (Abb. 6): – Seite 195 ein Draht, an beiden Seiten zu Ösen gekröpft (ca. 15 mm lang) und ein Ring (ca. 2,5 mm Innendurchmesser). Der Draht simulierte den Steg der Maschen, der Ring den Knotenpunkt. Im Netzfeld nahm jeder Knotenpunkt in Form des Ringes 4 gekröpfte Drähte auf. Der Mittelpunkt des Ringes bildete den Systempunkt im Netz. Der Ringdraht war etwas dicker als die vordere gekröpfte Öffnung der Öse. Dadurch wurde ein Herausspringen des Steges aus dem Ring weitgehend verhindert, ohne die notwendige Beweglichkeit zwischen Ring und Glied zu beeinträchtigen. Obwohl die Herstellung der Netzelemente maschinell erfolgte, konnte die gewünschte Genauigkeit nicht ganz erreicht werden. Minimale Längendifferenzen in den einzelnen Elementen addierten sich bei der Aneinanderreihung. So ergaben z. B. 20 Elemente aneinandergereiht nicht exakt 20 × 15 mm = 30 cm.

INDING OF THE GRID SHELL

2

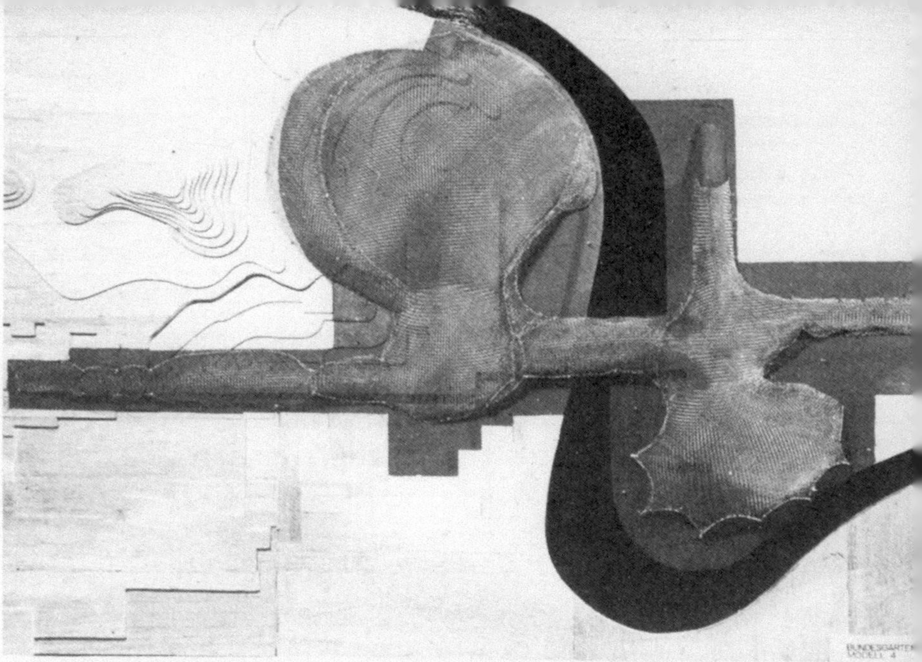

el of the preliminary design was the basis
inding of the grid shell, with the help of
iet. This model (Fig. 2) was the result of
vork by Mutschler & Partners and the
bronn. In this model, on a scale of
sumed final form resulting from the sus-
ould only be given roughly. Nevertheless,
neasured as precisely as possible to
nd a basis for calculating the size of the
structed.
of threads, which were spanned in pre-
tervals mainly along the principal bends
of the preliminary model, it was possible
proximate length and width of the surface
suspended net, simulates the grid meshes
ig, compression stressed grid grate of wood
nded nets tensile stresses occur under dead
The conversion of the suspended form
supporting area of the grid shell under
load free of moments, strained only by
tresses. There are no bending strains if
outer loads, such as wind and snow. (For
orations on form finding methods, see
n B.). In the case of larger grid shells it
e to include each batten in the model
the model becomes either too large or the
ain link becomes too small for manual
e solution is to simulate each second,
mesh and to interpolate the intermediate
interpreting the model. In our form finding
shell at Mannheim (approximately
third mesh of the 50 cm mesh grating
ted, i.e. the system length in the model
orresponding to 1.50 m of the final
).
ling model was based on system lines,
reas. The model net also simulated the
of the wooden grid shell. If the grid shell
simple grating, the rods of which run
gular, the system area is located between
rods. In the case of a double grating it
the centre of the total of four rods, of
pair - one over and the other underneath
ea - run in the same direction (Fig. 4).

3

4

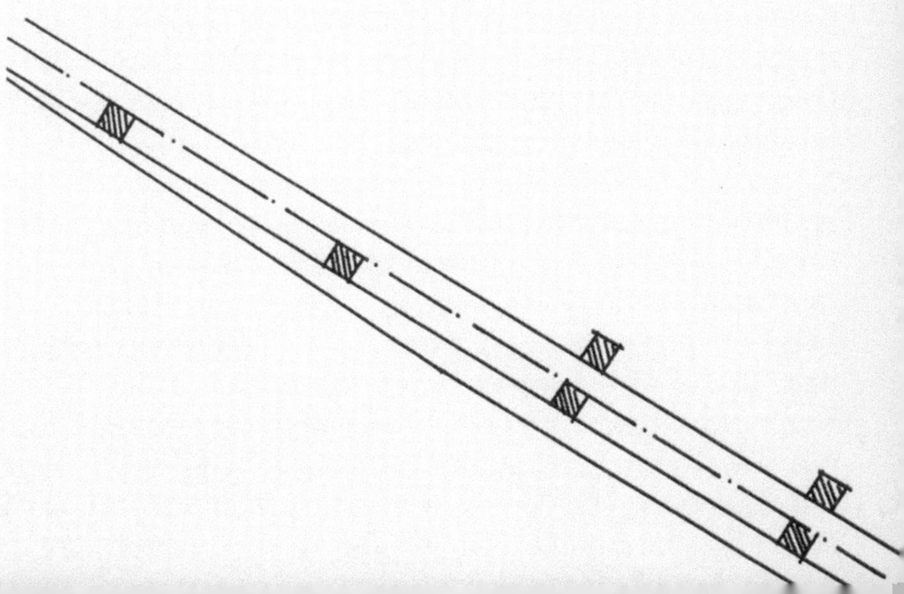

Diese Differenz ist auf die übliche Toleranz zurückzuführen, die auch bei maschineller Herstellung besteht. Aber auch die Abnutzung der Werkzeuge spielte eine Rolle, das 10. Element der Fertigung war, exakt betrachtet, nicht formidentisch mit dem zehntausendsten.

Diese Tatsache zwang das Atelier Warmbronn, einen krummen Maßstab zu wählen. Er betrug 1:98,5. Die Schwierigkeit, mit einem solchen Maßstab zu arbeiten, war geringer, als es zunächst den Anschein hatte. Nur ein auf der Modellplatte aufgetragenes Raster und einige Maßwerkzeuge zur Kontrolle der hängenden Form während des Modellbaus mußten in diesem Maßstab hergestellt werden. Nach der photogrammetrischen Aufnahme konnte in einem freigewählten Maßstab weitergearbeitet werden.

Ein solches Netz muß von Hand geknüpft werden. Mit Hilfe von Stecknadeln und einer weichen Unterlage wurden die Glieder und Ringe aneinandergereiht (Abb. 8). – Seite 197

Die Schwierigkeit bei der Herstellung solcher räumlichen Netze besteht hauptsächlich darin, daß die im hängenden Zustand dreidimensionale Form sich nicht in der Ebene, z. B. auf einem Tisch, im orthogonalen System entwickeln läßt. Hier wird es erforderlich, bereits fertig geknüpfte kleinere Netzflächen an einem Hilfsrahmen aufzuhängen, so daß sich die räumliche Form der Gitterschale entwickeln kann (Abb. 9). – Seite 197 Jede Form, ob eben, einsinnig oder zweisinnig gekrümmt, ist mit einem Netz abwickelbar, mit einem gleichmaschigen Netz nur dann, wenn es quadratisch, rechteckig oder sechseckig ist. Die formale Variabilität ist möglich, weil die einzelnen Maschen ihre Winkel beliebig verändern können. Deshalb konnte man natürlich auch das quadratische Netz der kuppelförmig gekrümmten Schale auf einer Fläche ausbreiten. Jedoch mußten von vornherein bestimmte Netzpartien so ausgelegt werden, daß einige davon eine quadratische, andere eine rhombische Form einnahmen, wobei die rhombischen in der Überzahl waren (Abb. 10). – Seite 197 Bei diesem Verfahren ist jedoch nicht möglich, schon im voraus die sich später im räumlichen Zustand ergebenden Maschenwinkel festzustellen. Aus diesem Grund wurde relativ früh mit dem räumlichen Aufhängen des Netzes begonnen, wobei sich die Winkel von selbst einstellten.

Bevor man mit dem Knüpfen des Netzes begann, war eine wichtige Entscheidung zu treffen: die Richtung, in der das Netz liegen sollte.

Es lag nahe, das Netzgitter in einer Richtung den Achsen der Zugangswege folgen zu lassen und die andere Lage quer dazu. Bei dieser Anordnung hätten am fertigen Bau fast ausschließlich die querlaufenden Latten die Kraft abgetragen; auch hätten die längslaufenden Latten jede Unregelmäßigkeit im Bau deutlich gezeigt.

Die andere Möglichkeit, die diagonale Anordnung der Latten, also unter 45° zur Hauptsache, vermeidet beide Nachteile. Zu dieser Anordnung entschloß man sich (Abb. 7). – Seite 195 Daß auch hier an einigen Stellen Schwierigkeiten auftraten, wußte man zu Beginn der Modellbauarbeiten noch nicht. Hierauf wird später im Detail eingegangen.

Das geknüpfte Netz wurde an dem Hilfsrahmen, den man in Abschnitten herstellte, mit Zwirnsfäden befestigt, die in Kerben festgeklemmt wurden (Abb. 11). – Seite 199 Dieser Hilfsrahmen wurde nun erweitert, bis die Gesamtform annähernd erreicht war. Danach wurde die gesamte Netzfläche an dem Hilfsrahmen hängend auf die Grundplatte des Meßmodells übertragen. Zur einfachen Montage und Demontage des Hilfsrahmens, aber auch für die problemlose Befestigung der Randflächen wurde für den Rahmen Balsaholz gewählt (Abb. 12). – Seite 199

Am Rand stützt sich die Gitterschale auf vier unterschiedliche Bauglieder: auf ein Betonstreifenfundament in Bodennähe, in höheren Lagen auf verleimte doppellagige Holzbalken oder auf Holzbögen und in einem Bereich des Restaurants auf 2 Paar Doppelseile (Abb. 14, 16, 17, 18). – Seite 199 + 201

Im Modell simulierte ein dünner Messingdraht die Systemlinie von Balken und Seilen, eine Kette die Bögen und ein Plexiglasstreifen die Oberkante des Betonfundaments (Abb. 13, 15, 19). – Seite 199 + 201

ei der Herstellung solcher räum-
t hauptsächlich darin, daß die im
dreidimensionale Form sich nicht in
einem Tisch, im orthogonalen
äßt. Hier wird es erforderlich,
fte kleinere Netzflächen an einem
ngen, so daß sich die räumliche
e entwickeln kann (Abb. 9).
, einsinnig oder zweisinnig ge-
m Netz abwickelbar, mit einem
tz nur dann, wenn es quadratisch,
seckig ist. Die formale Variabili-
die einzelnen Maschen ihre
ändern können. Deshalb konnte man
uadratische Netz der kuppelförmig
auf einer Fläche ausbreiten. Jedoch
ein bestimmte Netzpartien so aus-
einige davon eine quadratische,
che Form einnahmen, wobei die
Überzahl waren (Abb. 10). Bei
jedoch nicht möglich, schon im
er im räumlichen Zustand ergeben-
festzustellen. Aus diesem Grund
it dem räumlichen Aufhängen des
vobei sich die Winkel von selbst

Knüpfen des Netzes begann, war
eidung zu treffen: die Richtung,
en sollte.
tzgitter in einer Richtung den
wege folgen zu lassen und die
zu. Bei dieser Anordnung hätten
ausschließlich die querlaufenden
etragen; auch hätten die längs-
le Unregelmäßigkeit im Bau deut-

keit, die diagonale Anordnung der
5° zur Hauptsache, vermeidet
u dieser Anordnung entschloß man
auch hier an einigen Stellen
raten, wußte man zu Beginn der
noch nicht. Hierauf wird später im

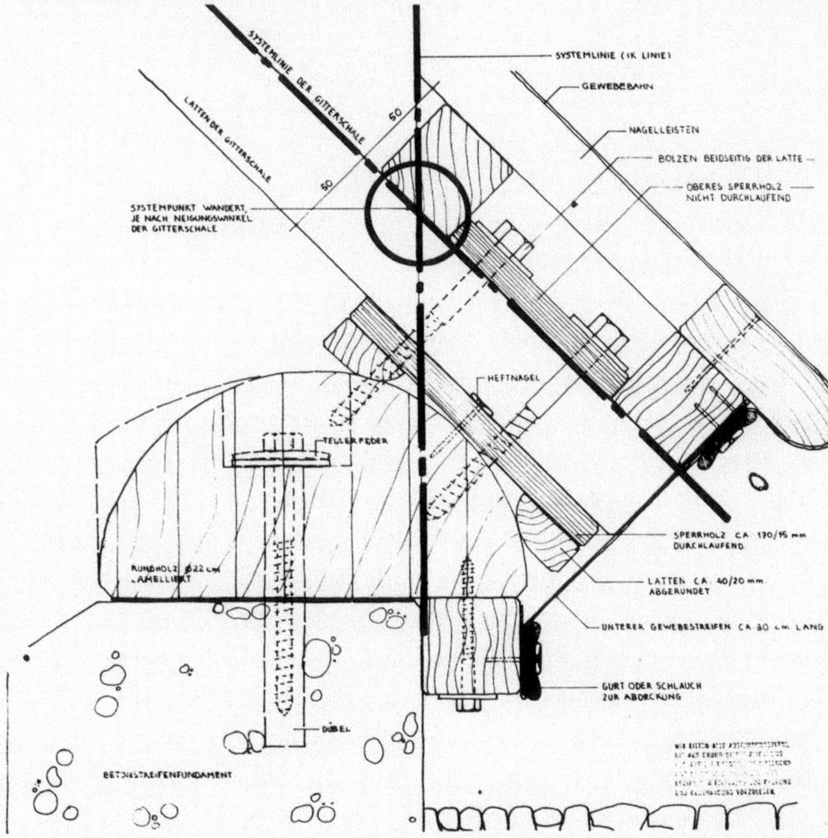

5

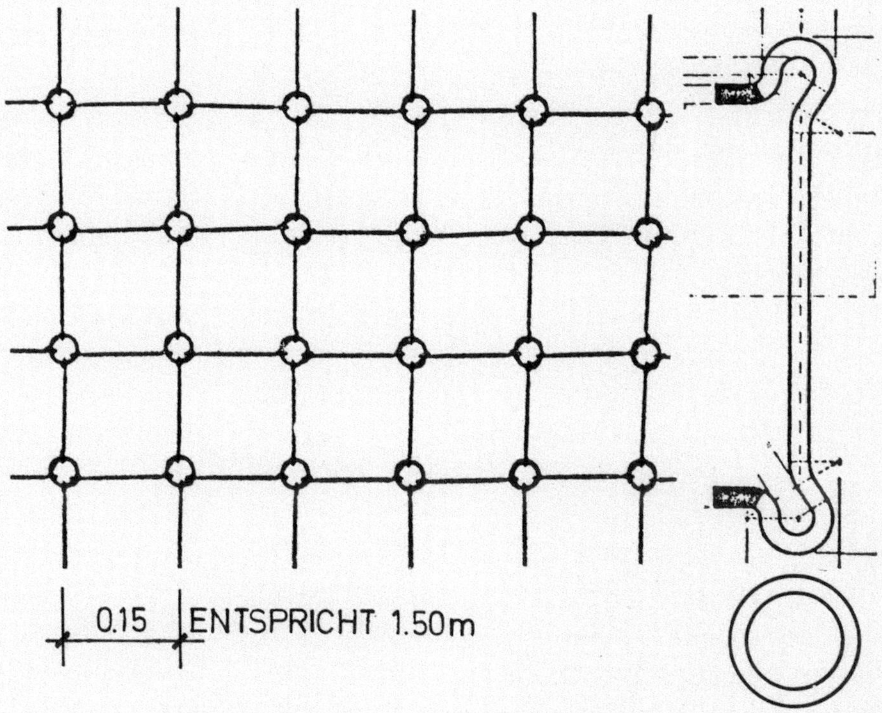

6

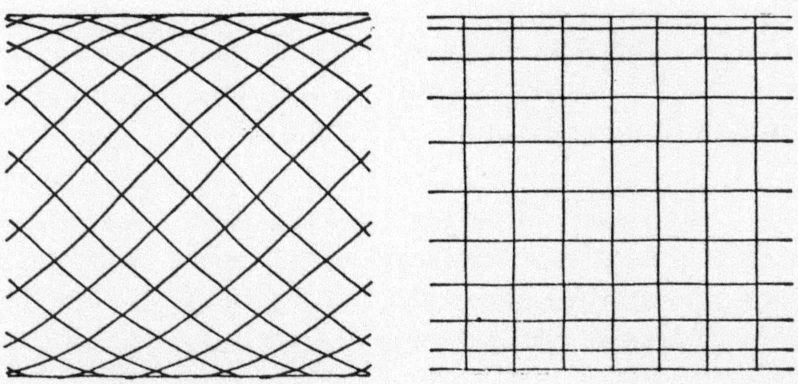

7

Im hängenden Netzmodell stand die Schale kopf. Dabei wurde die Ebene des späteren Fußbodens nicht dargestellt. Sie hätte über der Schale gelegen und die manuelle Arbeit am Formfindungsmodell nur erschwert. Zur Formfindung der Schale war sie nicht notwendig. Anstelle dessen wurde eine Bezugsebene in Form einer Marmorplatte unter dem hängenden Netz angeordnet (Abb. 20), – Seite 203 Netz und Marmorplatte waren durch Messingstützen miteinander verbunden. Die Stützen waren mittels Bohrung und zwei gegeneinander angezogenen Muttern an der Marmorplatte befestigt. Mit dem oberen Ende der Messingstütze konnte der Kopfpunkt, der zwischen dem Randbalken stehenden Stahlrohrstützen der Hauptausführung simuliert werden. Der verstellbare Kopf in Form eines Kragarmes erleichtert während der Formfindung korrigierende Positionsänderungen (Abb. 21) – Seite 203

Die Stahlrohrstütze selbst in ganzer Länge auszubilden war zur Formfindung der Schale nicht erforderlich. Ihre Darstellung wäre auch sehr schwierig geworden, da bei der hängenden Schale die Stützen nach oben herausragen würden (Abb. 22). – Seite 203

Eine feingeschliffene Marmorplatte als Grundplatte für eine solche Modellarbeit zu verwenden, hat entscheidende Vorteile gegenüber anderen gebräuchlichen Modellplatten.

Die Maßgenauigkeit einer Marmorplatte ist wesentlich größer als die einer rahmenverstärkten Heizplatte. Bei einer Fläche von 120 × 170 cm läßt sich eine exakt ebene Oberfläche mit anderen Materialien kaum erreichen. Vor allem haben bei der Marmorplatte Feuchtigkeits- und Temperaturschwankungen keinen Einfluß auf die Form des Modells. Durch das schwere Gewicht der Platte wird außerdem verhindert, daß die einmal justierte Platte beim Modellbau in ihrer Position verändert wird.

Nach dem Aufsetzen des Hilfsrahmens auf die Marmorplatte wurden die Fäden jedes Netzgliedes am Rand auf den Draht, der die Randsystemlinie simulierte, und auf den Plexiglasstreifen übersetzt (Abb. 23). – Seite 205 Um ein Gleiten der Fäden auf dem Draht zu verhindern, war der Draht aufgerauht. Auch ein flüssiger Kleber, der dünn auf die Oberfläche des Messingdrahtes aufgetragen wird, liefert nach dem Erhärten die gewünschte Rauheit.

Die über dem Rand liegenden Fadenenden wurden mit einem leichten Gewicht (Schraubmuttern) beschwert. Dadurch erhielt das Netz eine leichte Vorspannung, die die Modellarbeit erheblich erleichterte. Zur Vermeidung von Verzerrungen und Überspannungen baute man zusätzlich zwischen jeder letzten vollen Masche und dem Randfaden eine kleine Feder ein, die von der Schwarzwälder Uhrenindustrie zur Verfügung gestellt wurde. Die einzelnen Korpuslängen der Federn ermöglichten es, die unterschiedlichen Spannungen im Netz, vor allem zwischen den großen und kleinen Spannweiten, vor allem zwischen den großen und kleinen Spannweiten, festzustellen. Obwohl die Federn sehr empfindlich Eigengewicht des Netzes zufriedenstellend, also bei den großen Spannweiten (Abb. 24). – Seite 205

Nach Übertragung der Randflächen auf den Systemdraht bzw. auf den Plexiglasstreifen wurde der Hilfsrahmen in Abschnitten entfernt. Damit hing das Netz, wenn auch nicht exakt, erstmalig völlig frei (Abb. 25). – Seite 205

Zur Feinkorrektur des Netzes wurden folgende Arbeiten durchgeführt: Die im Netz aneinandergefügten Glieder beschrieben je nach Kuppelform und Spannweite eine Linie, die harmonisiert werden mußte, d. h. Knicke und Sprunge im Linienverlauf mußten durch Anziehen oder Nachlassen der Endfäden ausgeglichen werden (Abb. 26). – Seite 207

Die Korrektur der Netzlinie und die Einarbeitung der angemessenen Krümmung in allen Bauteilen machte es teilweise erforderlich, einzelne Glieder am Rand aus dem Netz auszubauen oder neue hinzuzufügen.

Aufgrund der vorgegebenen Richtung im Verlauf der Netzglieder war es nicht ausgeschlossen, daß Korrekturen, die an einer Seite des Netzes vorgenommen wurden, Unregelmäßigkeiten in einem anderen Bereich hervorriefen. Das trifft vor allem für einige, z.T. quer durch das gesamte Modell laufenden Netzlinien zu. Durch eine geringfügige Richtungsänderung des Netzverlaufs an den Eckpunkten zwischen großer und kleiner Schale konnte die durchlaufende Wirkung dieser Netzglieder verhindert werden. Hierbei kam man zu der Erkenntnis, daß die ursprünglich gewählte Netzrichtung von 45° evtl. besser mit 35° oder 55° hätte angenommen werden müssen (Abb. 26). – Seite 207

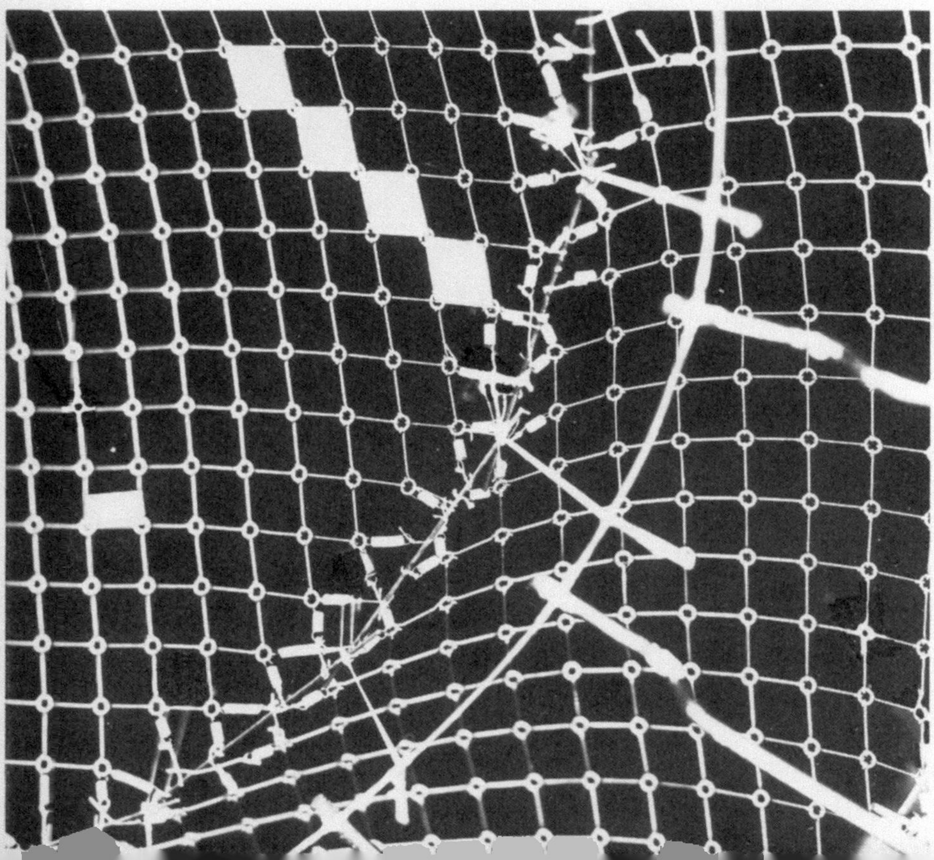

8 The system area of the shell meets
system line of the edge structure.
individual structural members in
selected or developed so that the
recognized (Fig. 5). Project is not

The net material of the form findi
mechanically. The individual par
a special study for such form findi
Institut for Lightweight Structures
Stuttgart. Out of only two types c
was possible to produce a net in a
which could freely be displaced a
9 a wire cranked at both sides to lo
15 mm in length) and a ring (with
approximately 2.5 mm). While th
bar of the meshes, the ring simulc
the field of the net, each joint in
accommodated four cranked wires
formed the system point in the net
slightly thicker than the cranked
at the front. As a result the bar w
from coming out of the ring witho
the necessary mobility between ri
production of the net elements wa
it was not possible to reach the de
completely. Minimal differences i
individual elements added when to
for example 20 elements arranged
did not result in exactly 20 x 15 n
10 difference can be ascribed to the
which is also given in the case of
tion. Also the wear of the tools pl
tenth element of production was,
not identical in its form to the ten
This fact forced the Warmbronn wo
a "curved scale", which was 1:98
of working on such a scale was no
seemed at first. But for this scale
produce a grating added to the mo
several tools to measure the contro
form during the model's erection.
grammetrical pictures it was possik
working according to a freely cho
Such a net has to be tied manually
rings were put together with the h
soft basis (Fig. 8).
When producing such spatial nets
mainly in the form, which, being

Um die in die Schale einlaufenden Randbögen möglichst einfach herstellen zu können, wurde versucht, die Ketten im Modell, die die Systemlinien der Bögen darstellten, so auszurichten, daß sie in einer Ebene lagen. Damit konnte die Schwierigkeit der Herstellung solcher Bögen; die in der räumlichen Form des Bogens lag, nur zum Teil vermieden werden, denn die Materialisierung der Systemlinie brachte zwangsläufig eine räumliche Form des Bogens mit sich. Entscheidend war schließlich die Größenordnung der Neigungsunterschiede der an einen Bogen angreifenden Netzpartien. Diese ließen sich aber im Modell nicht beeinflussen (Abb. 29). – Seite 207

Die erforderlichen Kopfhöhen, vor allem in den niedrigen Gangbereichen, wurden mit Hilfe eingehängter Schablonen aus Pappe ständig kontrolliert (Abb. 27). – Seite 207

Ein typischer Fall von Selbst-Formfindung bei biegeunsteifen Modellen zeite sich an den Enden der halbzylinderförmigen Eingänge. Hier war geplant, die Enden jeweils mit einem Bogen abzuschließen. Im Modell ließ sich diese Endpartie jedoch nicht zufriedenstellend ausbilden, die einfachen Netzpartien glitten nach Einarbeitung der Kette ständig dicht aneinander. Die Gebilde hätten gebaut werden können, die Latten hätten dann entsprechend der Netzfläche im Modell dicht aneinanderliegend eine stark eingeprägte Rautenform beschrieben. Diese Form wäre nicht nur schwierig zu vermessen, sondern vor allem der hohe Materialaufwand wäre nicht zu vertreten gewesen. Erst eine kuppelförmige Aufweitung des gesamten Endbereichs lieferte eine zufriedenstellende Lösung: Die halbzylinderförmige Überdachung der Gänge wurde an den Enden zu einer Halbkugelform erweitert. Die vielfach als freie Entwurfsentscheidung angesehene Form der Eingänge basierte also ausschließlich auf Erkenntnissen aus dem Formfindungsprozeß im Modell (Abb. 28). – Seite 207

Da die manuelle Arbeit bei dem Modellbau aufwendig ist, stellt sich die Frage, ob statt des Modellbaus nicht auch andere Methoden der Formfindung, z. B. zeichnerische oder rechnerische angewendet werden können.

Eine ausschließlich zeichnerische Methode auf manueller Basis scheidet aus, da auf der zweidimensionalen Darstellungsebene eine komplexe dreidimensionale Form ohne zusätzliche Hilfsmittel z. B. wie errechnete Koordinaten nicht entwickelt werden kann. Für einen rechnerischen Weg, z. B. mit Hilfe numerischer Verfahren, der mit automatisch gezeichneten Ergebnissen gekoppelt ist, müssen Daten für den Input vorgegeben werden. Wie aber sollen diese Daten gewonnen werden, wenn es an Kenntnissen über das Formverhalten solcher Netze bzw. Schalen mangelt? Bei komplexeren Formen reicht es nicht aus, geometrische Form und Eigengewichtsspannung überschlägig vorzugeben, um dann in iterativen Schritten die Schale rechnerisch-zeichnerisch zu ermitteln. Die erforderlichen Rechenschritte und Ergebniszeichnungen sind, auch wenn sie automatisch erzeugt werden, zu zahlreich. Dabei wäre auch dieses Verfahren letztlich aufwendig.

Hinzu kommt, daß auf nur rechnerisch-zeichnerischem Wege zwar Ergebnisse exakt ermittelt werden können, infolge unzureichender Kenntnisse über das Formverhalten wäre es für die konstruktive Qualität des Bauwerks allerdings nicht die optimale Lösung. Jede nur mögliche Position, die z. B. der Entwerfende bei der optischen Kontrolle des Modells einnimmt, jede nur mögliche Reaktion, die eine mechanische Veränderung im Modell hervorruft, und im Modell einfach und ohne Umwege zu erkennen ist, müßte nach einem Rechenvorgang zur Kontrolle auch noch einmal gezeichnet werden.

So ist es für das Bauwerk dieser komplexen Art zur Zeit noch die einfachste und schnellste Methode, zunächst die hängende Form und ihre Veränderung im Modell zu studieren und zu verbessern. Die Erkenntnisse aus dem Mannheimer Modell lassen vermuten, daß ähnliche Bauwerke später einmal ohne Modellbau entworfen werden können.

Ob nun – ganz allgemein – auf ein hängendes Netzmodell völlig verzichtet werden kann oder die kombinierte Methode Modell – photogrammetrische Vermessung – statisch-dynamische Computerberechnung auch weiterhin sinnvoll bleibt, wird die weitere Entwicklung erst noch zeigen.

Das geknüpfte Netz wurde an dem Hilfsrahmen, den man in Abschnitten herstellte, mit Zwirnsfäden befestigt, die in Kerben festgeklemmt wurden (Abb. 11). Dieser Hilfsrahmen wurde nun erweitert, bis die Gesamtform annähernd erreicht war. Danach wurde die gesamte Netzfläche an dem Hilfsrahmen hängend auf die Grundplatte des Meßmodells übertragen. Zur einfachen Montage und Demontage des Hilfsrahmens,aber auch für die problemlose Befestigung der Randflächen wurde für den Rahmen Balsaholz gewählt (Abb. 12).

Am Rand stützt sich die Gitterschale auf vier unterschiedliche Bauglieder: auf ein Betonstreifenfundament in Bodennähe, in höheren Lagen auf verleimte doppellagige Holzbalken oder auf Holzbögen und in einem Bereich des Restaurants auf 2 Paar Doppelseile (Abb. 14, 16,17,18).
Im Modell simulierte ein dünner Messingdraht die Systemlinie von Balken und Seilen, eine Kette die Bögen und ein Plexiglasstreifen die Oberkante de Betonfundaments (Abb. 13,15,19).
Im hängenden Netzmodell "stand die Schale kopf Dabei wurde die Ebene des späteren Fußbodens ni dargestellt. Sie hätte über der Schale gelegen un manuelle Arbeit am Formfindungsmodell nur ersch Zur Formfindung der Schale war sie nicht notwenc Anstelle dessen wurde eine Bezugsebene in Form e Marmorplatte unter dem hängenden Netz angeord (Abb. 20) Netz und Marmorplatte waren durch Messingstützen miteinander verbunden. Die Stütz waren mittels Bohrung und zwei gegeneinander an zogenen Muttern an der Marmorplatte befestigt. M dem oberen Ende der Messingstütze konnte der Ko punkt, der zwischen dem Randbalken stehenden St rohrstützen der Hauptausführung simuliert werden. Der verstellbare Kopf in Form eines Kragarmes erleichtert während der Formfindung korrigierende P sitionsänderungen (Abb. 21)

11
12

13
14

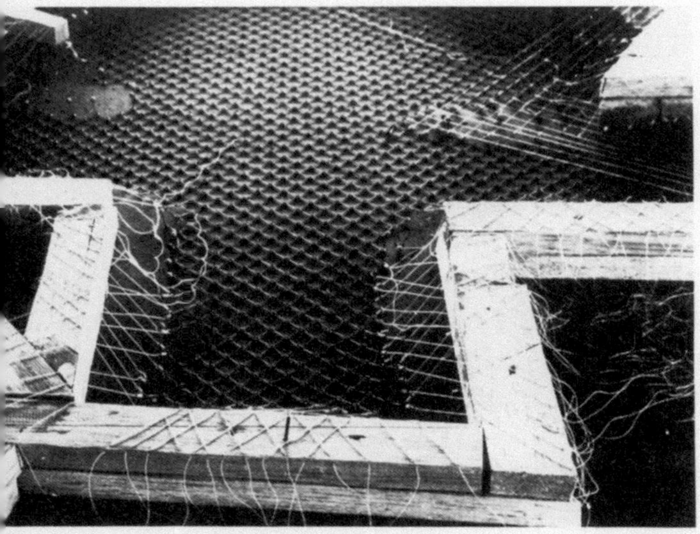

Ewald Bubner
THE FORM FINDING OF THE GRID SHELL

The wire model of the preliminary design was the basis for the form finding of the grid shell, with the help of a suspended net. This model (Fig. 2) – page 193 was the result of joint design work by Mutschler & Partners and the Atelier Warmbronn. In this model, on a scale of 1:500, the assumed final form resulting from the suspended net could only be given roughly. Nevertheless, it had to be measured as precisely as possible to tentatively find a basis for calculating the size of the net to be constructed.

With the help of threads, which were spanned in predetermined intervals mainly along the principal bends over the net of the preliminary model, it was possible to find the approximate length and width of the surface. This model, a suspended net, simulates the grid meshes of the standing, compression stressed grid grate of wood. In such suspended nets tensile stresses occur under dead weight only. The conversion of the suspended form results in the supporting area of the grid shell under dead weight load free of moments, strained only by compressive stresses. There are no bending strains if there are no outer loads, such as wind and snow. (For detailed elaborations on form finding methods, see IL 10, Section B). In the case of larger grid shells it is not possible to include each batten in the model net because the model becomes either too large or the individual chain link becomes too small for manual handling. The solution is to simulate each second, third or fifth mesh and to interpolate the intermediate values when interpreting the model. In our form finding model for the shell at Mannheim (approximately 1:100) each third mesh of the 50 cm mesh grating was represented, i. e. the system length in the model was 15 mm corresponding to 1.50 m of the final shell (Fig. 3). – page 193

The form finding model was based an system lines, i. e. system areas. The model net also simulated the system area of the wooden grid shell. If the grid shell consists of a simple grating, the rods of which run nearly rectangular, the system area is located between the crossing rods. In the case of a double grating it is situated in the centre of the total of four rods, of which each pair – one over and the other underneath the system area – run in the same direction (Fig. 4). – page 193

The system area of the shell meets, at the edge, the system line of the edge structure. In this case the individual structural members in the model were selected or developed so that the system line could be recognized (Fig. 5). – page 195 Project is not performanced.

The net material of the form finding model was produced mechanically. The individual parts were developed in a special study for such form finding models by the Institut for Lightweight Structures at the University of Stuttgart. Out of only two types of chain elements it was possible to produce a net in any size, with meshes which could freely be displaced at their angles (Fig. 6): – page 195 a wire cranked at both sides to loops (approximately 15 mm in length) and a ring (with a light diameter of approximately 2.5 mm). While the wire simulated the bar of the meshes, the ring simulated the joint. In the field of the net, each joint in the form of the ring accommodated four cranked wires. The ring centre formed the system point in the net. The ring wire was slightly thicker than the cranked opening of the loop at the front. As a result the bar was visibly prevented from coming out of the ring without interferring with the necessary mobility between ring and link. Although production of the net elements was done mechanically, it was not possible to reach the desired exactitude completely. Minimal differences in length in the individual elements added up when taken together. Thus for example 20 elements arranged one after the other did not result in exactly 20 × 15 mm = 30 cm.

t in ganzer Länge auszubilden
Schale nicht erforderlich. Ihre
hwierig geworden, da bei der
ützen nach oben herausragen

rmorplatte als Grundplatte für
zu verwenden, hat ent-
enüber anderen gebräuchlichen

er Marmorplatte ist wesentlich
nenverstärkten Holzplatte. Bei
70 cm läßt sich eine exakt
nderen Materialien kaum er-
n bei der Marmorplatte
peraturschwankungen keinen
Modells. Durch das schwere
außerdem verhindert, daß
te beim Modellbau in ihrer

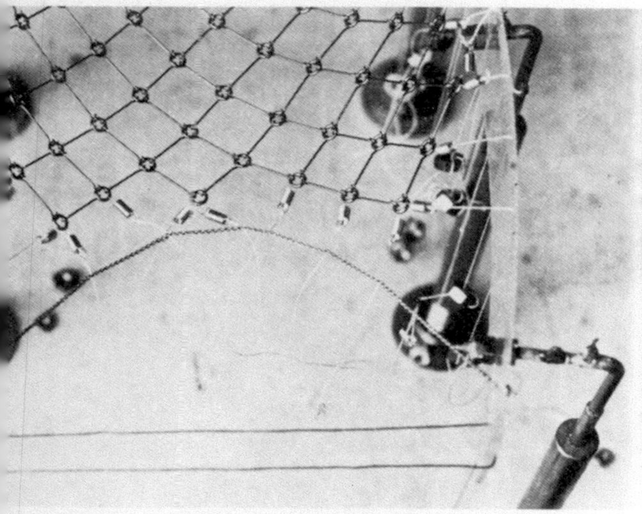

The tied net was fixed to the auxiliary framewor
produced in stages - with the help of threads fas
in the notches (Fig. 11). This auxiliary framewo
then enlarged until approximately the total form
reached. After this, the total net area, suspende
the auxiliary framework, was transferred to the b
plate of the measuring model. Balsa wood was ch
for the framework because it is easy to assemble
dismantle the auxiliary framework, and because
edges can be fixed easily (Fig. 12).

The grid shell is supported at the edge by four di
construction links: on a foundation of concrete s
near the ground; higher up on glued double-laye
wood beams or wood arches; and in the area of t
restaurant, on two pairs of double ropes (Figs. 1
17, 18).
In the model a thin brass wire simulates the syste
of beams and ropes, while a chain simulates the
and a plexiglass strip simulates the upper edge of
concrete foundation (Figs. 13, 15, 19).

17
18 19

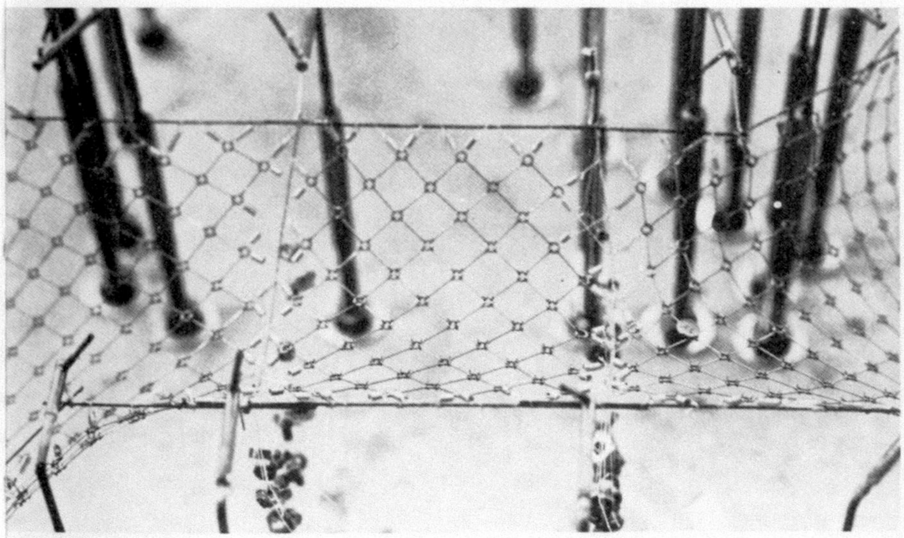

This difference can be ascribed to the usual tolerance which is also given in the case of mechanical production. Also the wear of the tools played a role, and the tenth element of production was, strictly considered, not identical in its form to the ten thousandth.

This fact forced the Warmbronn workshop to opt for a curved scale, which was 1:98.5. The difficulty of working on such a scale was not as great as it seemed at first. But for this scale it was necessary to produce a grating added to the model plate, and several tools to measure the control of the suspended form during the model's erection. After the photogrammetrical pictures it was possible to continue working according to a freely chosen scale.

Such a net has to be tied manually. The links and rings were put together with the help of pins and a soft basis (Fig. 8). – page 197

When producing such spatial nets the difficulty lies mainly in the form, which, being three-dimensional in a suspended state, cannot be developed on a plain, e.g. on a table in the orthogonal system. In this case it is necessary to suspend the smaller net areas already tied to an auxiliary framework. This allows the spatial form of the grid shell to develop (Fig. 9). – page 197 Any form, whether curved or level, can be developed with a net, but with an equal-meshed net only if it is quadrangular, rectangular or hexagonal. The formal variability is possible because the individual meshes can change their angles. That is why it was possible to spread the quadrangular net of the dome-curved shell on an area. In this process it was, however, necessary to lay out certain parts of the net so that some assumed a quadrangular form but most became rhombic forms (Fig. 10). – page 197 However, using this procedure it is impossible to determine beforehand the mesh angle which will develop later on in the spatial state. Consequently, the spatial suspension of the net was started relatively early, so that the angles resulted by themselves.

Before starting to tie the net, an important decision had to be taken: the direction in which the net was to be laid down.

It was apparent that the grid grating should follow the axis of the access roads in one direction, and the second layer cross-wise to it. In this arrangement the battens running cross-wise would represent the main supporting force, in addition to this the battens running length-wise would have clearly shown any irregularity in the structure.

The other possibility, i.e. the diagonal arrangement of the battens (less than 45° to the main axis), avoids both disadvantages. This was also the arrangement decided upon (Fig. 7). – page 195 It was not known at the beginning of the work on the model that difficulties would arise in several places even in this case. This will be discussed in detail later on.

The tied net was fixed to the auxiliary framework – produced in stages — with the help of threads fastened in the notches (Fig. 11). – page 199 This auxiliary framework was then enlarged until approximately the total form was reached. After this, the total net area, suspended on the auxiliary framework, was transferred to the basic plate of the measuring model. Balsa wood was chosen for the framework, because it is easy to assemble and dismantle the auxiliary framework, and because the edges can be fixed easily (Fig. 12). – page 199

The grid shell is supported at the edge by four different construction links: on a foundation of concrete strips near the ground; higher up on glued double-layered wood beams or wood arches; and in the area of the restaurant, on two pairs of double ropes (Figs. 14, 16, 17, 18). – page 199+201

In the model a thin brass wire simulates the system line of beams and ropes, while a chain simulates the arches and a plexiglas strip simulates the upper edge of the concrete foundation (Figs. 13, 15, 19). – page 199+201

suspended net model "the shell was upside down", vel of the later ground floor was not represented. ld have been lying across the shell making l work on the form finding model difficult. For m finding of the shell it was not required. In its a reference level in the form of a marble plate ranged underneath the suspended net (Fig. 20). t and marble plate were interconnected ss columns. By drilling and fastening two nuts, ainst the other, the columns were fixed to the plate. With the help of the upper end of the olumn the apex of the steel pipe columns, ng between the edge beams of the main struc- could be simulated. The adjustable apex, in the f a cantilever, facilitates the connection of es in position during the form finding (Fig. 21).

For the form finding of the shell it was not nessecary to develop the steel pipe column itself in its whole length. Its representation would also have been too difficult since the columns would stand out upwards if the shell was suspended (Fig. 22).
The use of a finely polished marble plate as a basic plate for such a model work has decisive advantages over other model plates.
A marble plate can be measured more precisely than a wood plate reinforced by a framework. Over an area of 120 x 170 cm, a strictly level surface can hardly be obtained in materials other than a marble plate.
Fluctuations in humidity and temperature do not influence the form of the model if a marble plate is used. The heavy weight of the plate prevents a displacement of the adjusted plate when constructing the model.

21

In the suspended net model the shell was upside down, the level of the later ground floor was not represented. It would have been lying across the shell making manual work on the form finding model difficult. For the form finding of the shell it was not required. In its place a reference level in the form of a marble plate was arranged underneath the suspended net (Fig. 20). – page 203 The net and marble plate were interconnected by brass columns. By drilling and fastening two nuts, one against the other, the columns were fixed to the marble plate. With the help of the upper end of the brass column the apex of the steel pipe columns, standing between the edge beams of the main structure, could be simulated. The adjustable apex, in the form of a cantilever, facilitates the connection of changes in position during the form finding (Fig. 21). – page 203

For the form finding of the shell it was not nessecary to develop the steel pipe column itself in its whole length. Its representation would also have been too difficult since the columns would stand out upwards if the shell was suspended (Fig. 22). – page 203

The use of a finely polished marble plate as a basic plate for such a model work has decisive advantages over other model plates.

A marble plate can be measured more precisely than a wood plate reinforced by a framework. Over an area of 120 × 170 cm, a strictly level surface can hardly be obtained in materials other than a marble plate. Fluctuations in humidity and temperature do not influence the form of the model if a marble plate is used. The heavy weight of the plate prevents a displacement of the adjusted plate when constructing the model.

After placing the auxiliary framework on the marble plate, the threads of each net link were transmitted both at the edge of the wire simulating the edge system line and the plexiglas strips (Fig. 23). – page 205 The wire was roughened to prevent the threads sliding on the wire. In addition a liquid glue applied in a thin layer on the surface of the brass wire, supplies the desired rough skin after hardening.

The thread ends lying over the edge were weighted by a light weight (screw nuts). Thus the net was slightly pre-strained, a fact which facilitated work on the model considerably. In order to avoid distortions and overload, a small feather – put at our disposal by the watch industry in the Block Forest – was included additionally between each last complete mesh and the edge thread. The individual body length of the feathers made possible the determination of various strains in the net, in particular between the large and the small spanwidths. Although the feathers reacted very sensibly, this was, however, satisfactory only in the case of sufficient dead weight of the net, i.e. in the case of large span widths (Fig. 24). – page 205

After transferring the edge areas on the system wire and the plexiglas strip, the auxiliary framework was taken away in sections. Thus the net, although not alsways exact, was suspended completely free (Fig. 25). – page 205

For minute corrections of the net the following operations were carried out: The links assembled in the net, represented – according to the form of the dome and the span width – a line, which had to be harmonized, i.e. breaks and flaws in the course of the line had to be balanced by fastening or loosening the end threads (Fig. 26). – page 207

The correction of the net line and the inclusion of the suitable bend into all structural parts, made it partly necessary to elaborate or to add individual links at the edge of the net.

On the basis of the pre-determined direction in the course of the net links, it could not be excluded that corrections made at one side of the net lead to irregularities in another area. This is true in particular for several net lines running partly cross-wise through the whole model. By a slight change in direction of the net at the corner points, between the large and the small shell, the continuous effect of these net links could be avoided. In the course of this process it was understood that the originally selected direction of 45° should have been either 35° or 55° (Fig. 26). – page 207

e Modell laufenden Netzlinien
fügige Richtungsänderung des
ckpunkten zwischen großer und
die durchlaufende Wirkung
rhindert werden. Hierbei kam
, daß die ursprünglich gewählte
evtl. besser mit 35° oder 55°
rden müssen (Abb. 26).

einlaufenden Randbögen möglichst
können, wurde versucht, die
die Systemlinien der Bögen dar-
en, daß sie in einer Ebene lagen.
vierigkeit der Herstellung solcher
nlichen Form des Bogens lag,
n werden, denn die Materiali-
e brachte zwangsläufig eine
gens mit sich. Entscheidend war
nordnung der Neigungsunter-
Bogen angreifenden Netzpartien.
im Modell nicht beeinflussen

pfhöhen, vor allem in den
hen, wurden mit Hilfe eingehäng-
ppe ständig kontrolliert (Abb. 27).

n Selbst-Formfindung bei biege-
igte sich an den Enden der halb-
änge. Hier war geplant, die
em Bogen abzuschließen. Im
Endpartie jedoch nicht zufrieden-
e einfachen Netzpartien glitten
Kette ständig dicht aneinander.
ebaut werden können, die Latten
end der Netzfläche im Modell
nd eine stark eingeprägte
n. Diese Form wäre nicht nur
n, sondern vor allem der hohe
nicht zu vertreten gewesen. Erst
ufweitung des gesamten End-
zufriedenstellende Lösung: Die
Überdachung der Gänge wurde an
albkugelform erweitert.
Entwurfsentscheidung angesehene
sierte also ausschließlich auf
Formfindungsprozeß im Modell

23

24

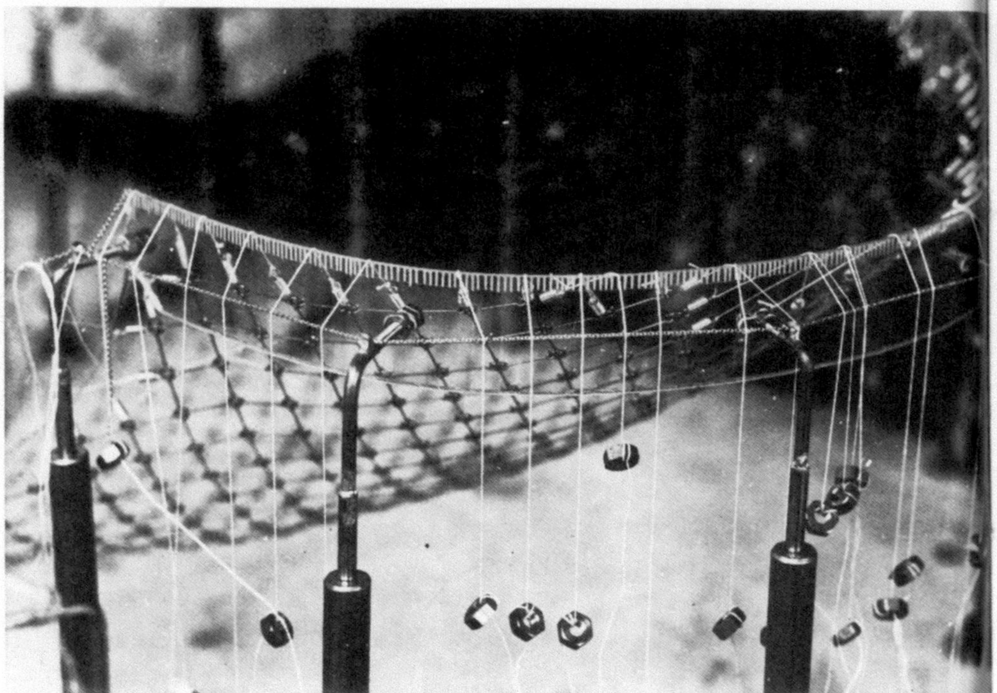

25

In order to produce the edge arches entering the shell as simply as possible, an attempt was made to arrange on one level the chains in the model, representing the system lines of the arches. This task, made difficult because of the special form of the arch, was influenced by the materialization of the system line, bringing with it a spatial form of the arch. And finally the magnitude of the slope differences of the net parts adjacent to an arch was decisive. These, however, could not be influenced in the model (Fig. 29). – page 207

The required bead room, in particular in the lower walking areas, was constantly controlled by help of cased-in forms of cardboard (Fig. 27). – page 207

A typical case of own form finding by models resistent to bending was seen at the ends of the semi-cylinder-like entries, where it was planned close the ends each time by an arch. On the model it was, however, not possible to develop this end part satisfactorily, the simple net parts sliding closely together continuously after including the chain. It would have been possible to construct the forms with the battens located close to one another according to the net area, and forming a marked rhomboic form. However, this form would not only have been difficult to measure, but the high material cost would not have been justified. Only a dome-like enlarging of the whole terminal area provided a satisfactory solution: the semi-cylinder-like covering of the passages was enlarged at the ends to a hemispherical form. Thus the form of the entries, often considered as a free design decision, was exclusively based on the understanding resulting from the form finding process on the model (Fig. 28). – page 207

As manual work is expensive in constructing models, the question has to be asked whether, instead of the model construction, other methods for form finding could not be found, i.e. by means of draughting or calculating.

A method based exclusively on draughting must be excluded since on the two-dimensional level of representation no complex three-dimensional form can be developed without additional auxiliary means, e.g. calculated coordinates. For a calculatory solution, e.g. with the help of computing processes coupled with automatically draughted results, data for the input must be provided. How are these data, however, to be obtained if there is no knowledge available on the form behaviour of such nets of shells? In more complex forms it is not enough to assume geometrical forms and dead weight strains globally, and then to find out iterative steps of the shell by means of calculating and draughting. The required computation steps and draughting of the results would be too numerous, even if they are produced automatically. This process would also, therefore, be too expensive.

Apart from this, while it is true that results can be determined exactly by means of calculation and draughting, insufficient understanding of the form behaviour would not make this the best solution for the constructive quality of the structure.

Any possible position which, for example the designer might take when optically controlling the model, or any possible reaction causing a mechanical change in the model which would immediately be recognizable would mean having to draught a second time after further calculation.

Thus to construct such a complex type, it is, for the time being, still simpler and quicker first to study the suspended form and its change on the model and then to improve on it. Knowledge gained from Mannheim's model leads to the assumption that it will be possible to design similar structures at a later date without first having to construct a model. Further developments will show – speaking generally – whether a suspended net model can be completely left aside, or whether the combined method of model-photogrammetrical measuring – static-dynamic calculation by computer remains reasonable in the meantime.

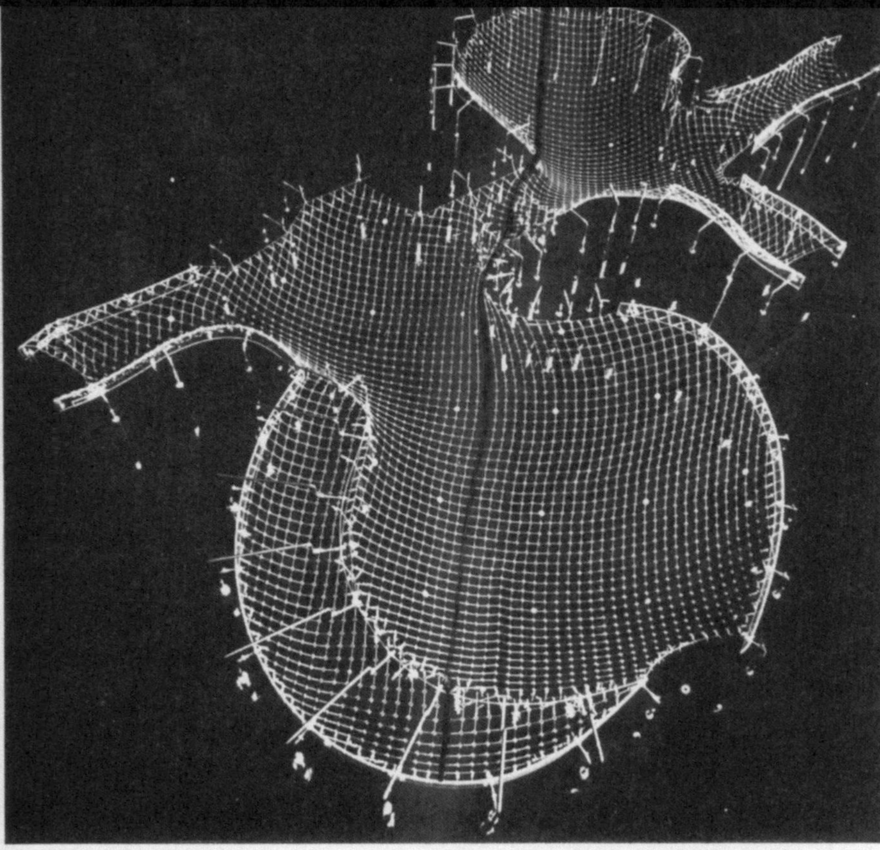

26 After placing the auxiliary fram
plate, the threads of each net l
both at the edge of the wire sim
system line and the plexiglass st
wire was roughened to prevent t
the wire. In addition a liquid g
layer on the surface of the brass
desired rough skin after hardeni
The thread ends lying over the e
a light weight (screw nuts). Thu
pre-strained, a fact which facil
model considerably. In order to
overload, a small feather - put
watch industry in the Black Fore
additionally between each last
edge thread. The individual boc
made possible the determination
the net, in particular between t
spanwidths. Although the feathe
this was, however, satisfactory
27
sufficient dead weight of the ne
large span widths (Fig. 24).

After transferring the edge areas
the plexiglass strip, the auxiliar
away in sections. Thus the net,
exact, was suspended completel

For minute corrections of the ne
operations were carried out:

The links assembled in the net,
to the form of the dome and the
which had to be harmonized, i.
in the course of the line had to
fastening or loosening the end t

28 The correction of the net line ar
suitable bend into all structural
necessary to elaborate or to add
the edge of the net.

On the basis of the pre-determi
course of the net links, it could
corrections made at one side of
irregularities in another area. T
for several net lines running par
the whole model. By a slight ch
net at the corner points, betwee

BUNDESGARTENSCHAU MANNHEIM 1975
BAUTEN AN DER INFORMATIONSACHSE IM HERZOGENRIEDPARK
MEHRZWECKHALLE UND RESTAURANT

FEDERAL GARDEN SHOW MANNHEIM 1975
CONSTRUCTION WORK ON THE INFORMATION AXIS IN HERZOGENRIEDPARK
MULTIPURPOSE HALL AND RESTAURANT

Planung und Bauleitung – Planning and building management
Architekt Carlfried Mutschler + Partner Joachim Langner, Dieter Wessa mit Winfried Langner, Mannheim

Beratung und Formfindung der Gitterschale – Consulting and forming of the gridshell
Atelier Warmbronn Frei Otto und Ewald Bubner mit Matthias Banz, Jean Goedert, Georgios Papakostas, Warmbronn

Statische Berechnung Gitterschale – Static calculation of the gridshell
Ove Arup & Partners
Structures 3 Ted Happold und Ian Liddell, London

Statische Berechnung Betonarbeiten – Static calculation of concrete constructions
Ludwig Bräuer und Heribert Späh mit Rüdiger Spring, Mannheim

Modellaufmass und Zuschnittsbearbeitung – Model measurement and cutting pattern
Institut für Anwendung der Geodäsie im Bauwesen Klaus Linkwitz und Hans Dieter Preuss, Stuttgart

Prüfingenieur – proof engineer
Fritz Wenzel, Karlsruhe mit Bernd Frese

Garten und Landschaftsplanung – Landscape planning
Heinz H. Eckebrecht, Frankfurt

Ausführung – Constructors

Betonarbeiten – Concrete construction
Gärtner + Sohn GmbH, Mannheim
Gitterschale – Gridshell
Poppensieker GmbH, Löhne-Gohfeld
Montage (Schale) – Gridshell erection
Wehmeyer KG, Steinwede-Westrup
Dachhaut – Roof envelope
Ballonfabrik + Co.KG, Augsburg
Montage (Haut) – Roof envelope erection
Koitwerk Herbert Koch KG, Rimsting

Bauherr – Client
Bundesgartenschau Mannheim GmbH, Mannheim

Georg Vrachliotis im Gespräch mit Jürgen Hennicke

GV Herr Hennicke, Sie konnten an vielen Forschungs- und Bauprojekten von Frei Otto mitarbeiten, sei es die Überdachung für den Olympiapark in München oder die Multihalle in Mannheim. Wie kamen Sie zu Frei Otto?

JH 1959 begann ich Bauingenieurwesen an der Technischen Hochschule Karlsruhe zu studieren, anschließend wechselte ich nach einigen Semestern an die Universität Heidelberg, um Mathematik und Kunstgeschichte zu studieren. 1968 machte ich mein Diplom als Bauingenieur an der Technischen Hochschule Stuttgart. Ich hatte während des Studiums auch an Architekturvorlesungen und Entwürfen teilgenommen. Damals sagte ich mir: wenn man das Bedürfnis hat, in der Welt etwas wirklich zu gestalten – dann hat man mit dem umfangreichen Wissen des Bauingenieurs bessere Chancen, auch in der Architektur. Mit diesem Anspruch machte ich mich nach meinem Studium auf die Suche nach einer Anstellung. Ich musste Geld verdienen. Nach etlichen Bewerbungen hörte ich zufällig, ein gewisser Frei Otto würde Mitarbeiter suchen. Der Name war unter uns Bauingenieurstudenten nicht geläufig. Auch ich hatte ihn zu diesem Zeitpunkt noch nicht gehört. Doch ich bewarb mich. Im Herbst 1968 fing ich bei ihm am Institut für Leichte Flächentragwerke (IL) und danach in der Entwicklungsstätte für den Leichtbau (EL) in Berlin-Zehlendorf zu arbeiten an.

GV Was waren ihre ersten Aufgaben in der Entwicklungsstätte?

JH Auch wenn Frei Otto in den 1950er Jahren bereits eine ganze Reihe kleiner, filigraner Zelte konstruiert hatte – sein großer nationaler und internationaler Durchbruch kam erst mit dem gemeinsam mit Rolf Gutbrod realisierten Deutschen Pavillon für die Expo '67 in Montreal. Als ich in Berlin anfing zu arbeiten, war die Expo schon ein halbes Jahr vorbei. Der Pavillon stand allerdings noch. Frei Otto war daran interessiert, wie man die in dem Projekt gewonnenen Erfahrungen und Erkenntnisse weiterentwickeln konnte. Welche neuen Fragestellungen für den Leichtbau ergaben sich daraus? Wie ließ sich das konstruktive Wissen weiter systematisieren? Was konnte man verbessern? Meine erste Aufgabe bestand entsprechend darin, bei der Dokumentation und Auswertung des Deutschen Pavillons mitzuarbeiten. Es war eine Art Grundlagenforschung zwischen Architektur und Bauingenieurwesen. Dafür war das Arbeiten und Experimentieren mit Modellen ganz besonders wichtig und für mich eine großartige Erfahrung.

GV Das West-Berlin der späten 1960er Jahre – die Zeit, in der Sie an der Entwicklungsstätte anfingen – war auch von Studentenunruhen und politischen Demonstrationen geprägt. Auch für Frei Otto überschlugen sich gewissermaßen die

Ereignisse: 1964 erfolgte die Gründung des Instituts für leichte Flächentragwerke (IL) an der Technischen Hochschule Stuttgart; 1965 bekam Frei Otto einen offiziellen Forschungsauftrag der Bundesrepublik Deutschland im Zusammenhang mit der Planung des Deutschen Pavillon für die Expo '67 in Montreal; 1966 wird der erste Expo-Versuchsbau in Stuttgart-Vaihingen errichtet – ein Zelt aus einem vorgespannten Seilnetz, in dem sich das Institut bis heute befindet; 1967, noch im Jahr der Expo beginnt Frei Otto mit der Planung seines Atelier- und Wohnhauses in Warmbronn. Ein Jahr später bekommt er den offiziellen Auftrag der Olympiabaugesellschaft für die Überdachung der von Behnisch & Partner entworfenen Sportstätten im Olympiapark München. Es ist bemerkenswert, sind es doch alles Projekte, die bereits kurz nach ihrer Fertigstellung als architektonische Symbole für eine aufgeklärte und offene Gesellschaft galten.

JH Das ist sicherlich zutreffend. Es war eine sehr aufregende Zeit, in der wir viel bewegen konnten. Allerdings haben wir von den Studentenunruhen in unserer Entwicklungsstätte kaum etwas mitgekriegt. Wir waren mit ganz anderen Dingen beschäftigt – mit Forschungsfragen und Experimenten zum Leichtbau und dem Bauen von Modellen. Tatsächlich hatte ich in Stuttgart während der Endphase meines Studiums mehr von den studentischen Unruhen mit gekriegt, als in Berlin. Besonders Curt Siegel spielte für uns damals eine grosse Rolle. Siegel war an der Technischen Hochschule Stuttgart Professor für Tragwerkslehre und hatte mit seinem 1960 veröffentlichten Buch *Strukturformen* eines der wichtigsten Bücher für die Bauingenieure geschrieben. Allerdings war er für die Universitätsleitung aufgrund seiner politischen Haltung während der Studentenunruhen auch umstritten.

GV Wie hat sich Frei Otto damals über die 1968er Bewegung geäußert?

JH Er hat sich meines Wissens nicht explizit dazu geäußert. Es herrschte eine allgemeine Aufbruchsstimmung, von der die ganze Gesellschaft erfasst war – und wir waren Teil dieser Bewegung.

GV Das klingt fast so, als hätte diese ganze Aufregung Frei Otto nicht besonders berührt, da ihn seine Projekte genug in Anspruch genommen haben. Natürlich müssen seine Bauten auch als politische Statements verstanden werden. Mit seinen grazilen und temporären Zeltkonstruktionen hatte er schon in den 1950er und 1960er Jahre unmissverständlich deutlich gemacht, dass er sich als Vertreter einer offenen Gesellschaft verstand, der sich von den heroischen Machtbildern der Nationalsozialisten absetzen wollte. Das Ideal einer offenen Gesellschaft steckt ja auch in der Multihalle.

JH Offenheit und Transparenz waren Zeit seines Lebens für Frei Otto zwei ganz wesentliche Leitmotive. Hätten wir denn nach den Nazis so weitermachen sollen? Einfach alles zu betonieren und mit Naturstein verblenden?

GV Wie ging es dann weiter?

JH 1969 bin ich zurück nach Stuttgart und gleich weiter nach München. Dort begann zu diesem Zeitpunkt die Arbeit an der Dachlandschaft für das Olympiagelände. Es war ein echtes Grossprojekt. Der Sprung im Massstab von den Zeltdächern in Montreal zur Konstruktion der komplexen Dachform in München war enorm und für alle beteiligten Architekten und Ingenieure eine riesige Herausforderung.

GV Die Olympischen Spiele wurden im Sommer 1972 eröffnet und gelten bis heute als Jahrhundertereignis. Inzwischen lief bereits das nächste Projekt an. Nur wenige Monate nach der Eröffnung in München wandte sich Carlfried Mutschler an Frei Otto, um nach einer konstruktiven Lösung für die Überdachung der sogenannten Informationsachse zu suchen, die er anlässlich des gewonnenen Wettbewerbs für die Planung der Bundesgartenschau (BUGA) im Bereich des Herzogenriedparks in Mannheim entworfen hatte. Die Eröffnung der BUGA war bereits für den Sommer 1975 in Mannheim geplant und nach mehreren erfolglosen Varianten mit Ballondächern und Zelten, erinnerte er sich an eine experimentelle Lattenkuppel, die Frei Otto bereits knapp zehn Jahre zuvor für die Deutsche Bauausstellung (DEUBAU '62) in Essen realisiert hatte.

JH Genau so war es. Mutschler wollte zunächst selbst und mit ganz eigenen Überlegungen in Mannheim ein Zeichen setzen. Erst zu einer späten Phase des Projektes kam er zu Frei Otto nach Warmbronn, um ihn um Rat zu fragen. Das Experimentieren mit Hängemodellen war bei Frei Otto gerade ein aktuelles Thema. Er konnte auf die mit Rolf Gutbrod 1967 gebaute Gitterschale im Deutschen Pavillon auf der Expo in Montreal zurückblicken und steckte inmitten der Arbeiten an dem Dach für den großen Konferenzsaal in Mekka – ein Projekt, das er ebenfalls mit Gutbrod realisierte.

GV Wie kam Frei Otto auf die Idee und die Form der Gitterschale?

JH Die Multihalle mit einer Gitterschale zu überdachen war einfach eine geniale Idee von Frei Otto. Das Atelier Warmbronn sollte zwar der Hauptort für die Entwicklung der Multihalle werden, doch lief am IL in Stuttgart zu diesem Zeitpunkt ein ganz anderes Projekt. Ohne dieses Projekt wäre die Konstruktionsgeschichte der Multihalle nur unvollständig erzählt. Bereits seit Sommer 1971 arbeitete ich – inzwischen wieder zurück in Stuttgart – mit einer kleinen

Magazine of the Institution of Civil Engineers
New Civil Engineer
20 March 1975
Inside Mannheim's
wooden bubble

Gruppe japanischer Architekten an der Frage, wie sich einfache hängende Netze durch den Prozess des Umkehrens zu einer idealen Form bringen ließen. Auch das Büro von Kenzo Tange war an diesem Projekt beteiligt. Das ist sicherlich auf die Seilkonstruktionen zurückzuführen, die er für die Olympiade 1964 in Tokyo entworfen hatte. Ziel des Projektes war es, anhand einer Vielzahl unterschiedlichster Hängemodelle die prinzipielle Bauweise von Gitterschalen systematisch zu erforschen und voranzutreiben. Es wurden zunächst nur Modelle gebaut. Es ging noch nicht um Bauwerke. Es stand lediglich der Prozess der Formfindung im Vordergrund, losgelöst von irgendeiner Nutzung oder einem konkreten Programm. Erst die Anfrage aus Mannheim eröffnete uns die Möglichkeit, die bis dahin rein theoretischen Erkenntnisse aus dem Kooperationsprojekt unmittelbar auch praktisch anzuwenden. Das war ein glücklicher Zufall. Nachdem Frei Otto den Auftrag von Mutschler angenommen hatte, begann sofort die Arbeit an der Gitterschale für die Multihalle.

GV Wenn man so will, ist die Multihalle also eine frühe Frucht des deutsch-japanischen Kooperationsprojektes. Die Theorie hat die Praxis inspiriert.

JH Gewissermaßen ja. Die Multihalle war eine großartige Möglichkeit, eine zunächst eher theoretisch orientierte Forschung in gebaute Realität umzusetzen. Es ist vielleicht nicht richtig bekannt, aber nachdem klar war, dass Frei Otto das Dach in Mannheim konstruieren sollte, haben wir am IL mit Studenten eine der ersten Versuchsgitterschalen für die Multihalle gebaut. Es war eine einfache Vierpunktgitterschale aus Holzlatten mit einer Maschenweite von 50 × 50 cm, also bereits die Weite, die später tatsächlich gebaut wurde. Das muss 1973 gewesen sein. Dann stießen auch Ted Happold und seine *Structures 3 Group* vom Büro Ove Arup zu dem Projekt.

GV War die Gesamtform der Multihalle zu diesem Zeitpunkt schon festgelegt?

JH Im Grunde, ja. Die Gesamtform der Multihalle war schon mehr oder weniger beschlossen. Während Mutschler sich überwiegend auf den Grundriss, das Programm und die allgemeine Einbettung der Anlage in die Parklandschaft konzentrierte, arbeitete Frei Otto an der Formfindung des Daches. Als Grundlage dafür diente ein Modell aus gewöhnlichem Fliegengitter. Das war gewissermaßen die allererste Modellstudie zur Gesamtform der Multihalle. Dann folgte die Arbeit an dem großen Messmodell.

GV Es ist beeindruckend zu sehen, mit welcher handwerklichen Akribie und mit welchem Fingerspitzengefühl das Messmodell geknüpft wurde, das sich heute in der Sammlung

Juni 1975
P 2388 E
bauen
mit
holz
6

des Deutschen Architekturmuseums in Frankfurt am Main befindet. Bemerkenswert ist, aus was für feinen Elementen das Netz aufgebaut ist. Woher stammten diese?

JH Diese Elemente waren Spezialanfertigungen, die auf das japanische Kooperationsprojekt zurückgehen. Nachdem wir auf der Suche nach geeigneten Elementen sämtliche Schmuckketten aus der Industrie ausprobiert hatten, kamen wir zu dem Schluss, dass sie allesamt zu ungenau waren und wir die Elemente selbst entwickeln und herstellen mussten. Jede noch so kleine Ungenauigkeit hätte sich addiert und das Messmodell wäre nicht mehr zu gebrauchen gewesen. Ein Betrieb in der Nähe von Stuttgart, spezialisiert auf kleine und kleinste Druck- und Zugfedern aus Edelstahl, konnte schließlich die notwendigen Elemente präzise und einheitlich produzieren. Die Knotenpunkte des Netzes bestehen aus kleinen flach planierten Ringen, die mit doppelseitigen Haken in exakt definierten Knotenabständen verbunden werden können. Auf diese Weise wurde auch das große Messmodell für die Multihalle geknüpft.

GV Was war modelltechnisch der Vorteil dieser Konstruktion?

JH Da es sich um ein Hängemodell handelt, musste das Netz zunächst vollkommen beweglich aufgebaut sein, d.h. kinematisch, so dass sich die Form unter den Zugkräften ihres Eigengewichts selbstbildend einstellen konnte. Um den Arbeitsaufwand zu reduzieren, hatte man nur jede dritte Masche der späteren Gitterschale dargestellt. Nach der fotogrammetrischen Vermessung des Modells durch das Institut für Anwendungen der Geodäsie im Bauwesen in Stuttgart, mussten die restlichen Netzlinien noch mit Hilfe eines Großrechners interpoliert werden, so dass eine gleichmäßige und homogene Oberfläche entstand. Sowohl die Vermessung als auch die spätere Interpolation der Netzlinien war die schwierige Aufgabe von Klaus Linkwitz, der auch bereits die Dächer für das Olympiagelände in München erfolgreich geometrisch berechnet hatte. Fotogrammetrische Verfahren wurden damals überwiegend für den Fernbereich eingesetzt, etwa zur Vermessung der Erdoberfläche. Die Errungenschaft von Linkwitz bestand darin, diese Verfahren auch auf den Nahbereich und damit auf kleine Objekte anwenden zu können. Das war eine ganz neue Anwendung.

GV Die Computerberechnungen der Multihalle wurden von Linkwitz in umfassenden Datenprotokollen festgehalten, den sogenannten Messbüchern. Mit Hilfe eines Graphomaten konnten diese Daten wiederum in eine Computerzeichnung überführt und visualisiert werden. So entstand der inzwischen berühmt gewordene Plan der Gitterschale.

Engineering
News-Record
JUNE 12, 1975
McGRAW-HILL
WEEKLY
$1
Amoeba-like wooden lattice
forms an exhibition hall

JH Dieser Plan von Linkwitz enthält eine höhere Informationsdichte als das Messmodell selbst. Jede Netzlinie der Gitterschale wird in ihrer endgültigen Länge und in ihrer exakten Position im Raum gezeigt. Der Plan ist eigentlich eine räumliche Zeichnung und diente als Grundlage sowohl für die Fertigung der Stäbe als auch für die weiteren Überlegungen zur Montage. Auf der Baustelle wurden die einzelnen Latten auf einer speziell eingerichteten Montageebene zu einem Gitter montiert. Anschließend wurde die gesamte Dachkonstruktion an vorab berechneten Stellen in die Höhe gedrückt, dann die Ränder und schließlich jeder einzelne Knotenpunkt der Gitterschale per Hand fest verschraubt.

GV Frei Otto verstand Bauwerke immer als Experimente und temporäre Gebilde. Sie waren im besten Sinne Versuchsbauten, an denen immer weitergeforscht wurde.

JH Das ist sicher richtig, dass das Arbeiten am physischen Modell eine zentrale Rolle für Frei Otto gespielt hat. Physische Modelle sind räumlich, wodurch die äußere und auch die innere Form ablesbar werden. Diese Räumlichkeit ist insofern besonders wichtig, als man an einem physischen Modell auch die Folge von Krafteinwirkung unmittelbar erfahren kann. Wenn ich z. B. am Ende einer gespannten Netzlinie ziehe, kann ich sofort auch den Effekt davon sehen. Das physische Modell zeigt die strukturellen Abhängigkeiten in einer Konstruktion und damit auch die Räumlichkeit eines Bauwerks.

GV Dachte Frei Otto explizit auch über den Innenraum der Multihalle nach?

JH Im Vordergrund stand eher das Tragwerk und seine Wirkung. Allerdings ging es ihm auch um die Umgebung: die Pflanzen und Bäume des Parks, die Bäche und Teiche, die Wolken am Himmel vor der Silhouette der Bebauung – der Raum unter dem großen Dach sollte sich frei entfalten können. Später wurde bei der großen Halle eine abschließbare Membranwand eingefügt. Das war wohl der Versuch eines Kompromisses, um die experimentelle Konstruktion in einen konventionellen Veranstaltungsort zu verwandeln. Ursprünglich war diese Wand nicht vorgesehen. Grundsätzlich lässt sich sagen, dass die Idee des offenen Raumes in fast jedem von Frei Ottos Projekten zu spüren ist.

GV In einem kurzen Beitrag im IL Nr. 13 von 1976, kommen Sie auf noch ungeklärte Fragen zur Multihalle zu sprechen. Eine Frage zielte auf die Erforschung der Wahrnehmung von großen und hohen Innenräumen. Was hatte es damit auf sich?

B 1547 E
Zeitschrift für Architektur · Planung · Umwelt · August 1975 · Callwey · München
Baumeister 8

JH Dieses Forschungsfeld ging damals von Jürgen Joedicke aus, der zu dieser Zeit das Institut Grundlagen der modernen Architektur in Stuttgart leitete und sich auch mit Fragen der empirischen Raumpsychologie beschäftigte. Dabei wurden Probanden unterschiedliche Fotos von Gebäuden und Innenräumen vorgelegt. Anschließend sollten sie diese auf einer Skala nach bestimmten Kriterien bewerten. Es gab auch zwei Symposien zu diesem Thema bei uns am IL. Ich stand dieser Methode zur Beurteilung von Architektur und auch den statistischen Ergebnissen skeptisch gegenüber, obwohl die Frage nach der Wahrnehmung von grossen und hohen Innenräumen gerade im Zusammenhang mit der Nutzung der Multihalle sehr relevant ist. Dahinter verbirgt sich die architektonische Aufgabenstellung, wie sich große Hallen räumlich unterteilen lassen.

GV Bereits unmittelbar nach dem Ende der Bundesgartenschau begannen die Überlegungen für ein neues Nutzungskonzept für die Multihalle. Immer wieder gab es konkrete Angebote, einen Freizeitpark oder ein Schwimmbad zu realisieren. Vieles entpuppte sich technisch, wirtschaftlich oder städtebaulich als nicht praktikabel. Es war der Beginn einer langen Suche, die sich durch die gesamte Geschichte der Multihalle zieht und bis in unsere Gegenwart reicht.

JH Ich glaube, am Ende war es eine Verkettung von unglücklichen Umständen, die dazu geführt haben, dass die Multihalle in die Kritik geraten ist. Dadurch, dass man beispielsweise die Schwebebahn wieder abbaute, die man anlässlich der Bundesgartenschau errichtet hatte, verlor die Multihalle ihre gute infrastrukturelle Anbindung an die Innenstadt. Auch der viel zu frühe Tod von Carlfried Mutschler hat dazu beigetragen, dass das ursprüngliche Konzept der Multihalle gegenüber der Stadt nicht mehr vertreten und legitimiert werden konnte. Die Idee des offenen Raums verlor damit einen seiner wichtigsten Befürworter. Nur wenige hatten in Mannheim den politischen Einfluss, den Mutschler als angesehener Architekt und Wettbewerbsgewinner genoss. So wurde es mit der Zeit immer schwieriger, sich für eine sinnvolle Weiternutzung der Halle in der Öffentlichkeit einzusetzen.

GV Heute steht die Multihalle erneut im Zentrum eines breit angelegten internationalen Diskurses, dessen Reichweite die Grenzen von Architektur und Bauingenieurwesen längst hinter sich gelassen hat und zum Gegenstand unterschiedlicher politischer und kultureller Debatten geworden ist.

JH Es ist wichtig, an die ursprüngliche Idee des offenen Raumes und die visionäre Kraft der Multihalle wieder anzuknüpfen. In gewisser Weise hat Shigeru Ban mit dem Japanischen Pavillon auf der Expo 2000 das versucht. Auch wenn Shigeru Ban aufgrund von baurechtlichen Auflagen gewisse Abstriche in der Konstruktion machen musste, das Projekt ist auch als ein spätes Erbe von Frei Otto zu sehen. In ihrer konstruktiven Komplexität und ihrer gesellschaftlichen Innovationskraft ist und bleibt die Multihalle weltweit einmalig.

Das Gespräch fand am 25. August 2017 im Institut für Leichtbau Entwerfen und Konstruieren (ILEK), dem ehemaligen Institut für Leichte Flächentragwerke (IL), in Stuttgart statt.

Georg Vrachliotis in Conversation with Jürgen Hennicke

GV Mr. Hennicke, you were able to work on many of Frei Otto's research and construction projects, from the Olympia Park roof in Munich to the Multihalle in Mannheim. What brought you to Frei Otto?

JH In 1959, I began studying civil engineering at the Technical University of Karlsruhe. After a few semesters, I transferred to the University of Heidelberg to study mathematics and art history. In 1968, I received my diploma as a civil engineer at the Technical University of Stuttgart. During my studies, I also participated in architectural lectures and design projects. At the time, I told myself: If you really want to make a difference in the world, in architecture as well, you have better chances if you possess the extensive knowledge of a civil engineer. With this goal in mind, after my studies I started looking for work – I had to earn money. Following numerous job applications, I happened to hear that a certain Frei Otto was looking for employees. I had never heard of him – his name was not familiar among us civil engineering students. But I still applied for the job. In the autumn of 1968, I began working at the Institute for Lightweight Structures (IL) and then at the Development Center for Lightweight Construction (EL) in Berlin-Zehlendorf.

GV What were your first tasks at the EL?

JH Although Frei Otto had already built a series of small, delicate tents in the 1950s, his national and international breakthrough came with the German Pavilion that he designed in collaboration with Rolf Gutbrod for the Expo '67 in Montreal. By the time I started working in Berlin, six months had already passed since the Expo. The pavilion, however, was still standing. Frei Otto was interested in how the experiences and insights gained from the project could be further developed. What new questions concerning lightweight construction emerged from it? How could the knowledge gained from its construction be further systematized? What could be improved? My first task was to help document and evaluate the German Pavilion. It was a kind of fundamental research bridging architecture and civil engineering. Working and experimenting with models was particularly important in this respect and for me it was a great experience.

GV When you started at the EL in the 1960s, West Berlin was characterized by student unrest and political demonstrations. For Frei Otto as well, the events at the time were in a way transformational. In 1964, the IL was founded at the Technical University of Stuttgart. In 1965, Frei Otto was officially commissioned by the Federal Republic of Germany to undertake research for the planning of the German Pavilion for Expo '67 in Montreal. In 1966, the first test building for the Expo was built in Stuttgart-Vaihingen: a tensile structure made with woven prestressed rope, in which the IL is still housed today. In 1967, in the same year as the Expo, Frei Otto began planning his studio and home in Warmbronn. One year later, he received the official commission from the German Olympic Association for the roofing of the sports facilities designed by Behnisch & Partners at the Olympia Park in Munich. What's remarkable is that, shortly after their completion, all of these projects became architectural symbols for an enlightened and open society.

JH That's certainly true. It was a very exciting time in which we were able to change a great deal. However, we hardly noticed anything about the student protests at our Development Workshop. We were occupied with very different things — with research questions and experiments on lightweight construction and building models. In fact, I was more aware of the student movement during the final phase of my studies in Stuttgart than I was in Berlin. Curt Siegel played an especially important role for us at the time. Siegel was a professor of structural mechanics at the Technical University of Stuttgart and, with his book *Structure and Form in Modern Architecture* published in 1960, had written one of the most important books for civil engineers. He was also a controversial figure for the university administrators there, due to his political stance during the student protests.

GV What did Frei Otto say about the 1968 student movement?

JH As far as I know, he never made any explicit statements on the matter. There was a general spirit of transformation in society as a whole, and we were part of that movement.

GV It almost sounds as if the whole excitement didn't really affect Frei Otto, since his projects took up enough of his time. Of course, his buildings must also be understood as political statements. With his graceful and temporary tensile structures, he had already made it quite apparent early on — in the 1950s and 1960s — that he saw himself as a representative of an open society, who wanted to clearly stand apart from the heroic images of the National Socialists. The ideal of an open society is also present in the Multihalle.

JH Throughout his life, openness and transparency were two very important themes for Frei Otto. Or should we have continued in the manner of the Nazis, by coating everything in concrete, topped with a veneer of natural stone?

GV What happened next?

JH In 1969, I returned to Stuttgart and went straight on to Munich, where work had begun on the roof landscape for the Olympic site. It was truly a major project. The leap in scale from the tent roofs in Montreal to the construction of the complex roof shape in Munich was enormous and a huge challenge for all the architects and engineers involved.

GV The Olympic Games opened in the summer of 1972 and are still regarded today as a milestone of the 20th century. Meanwhile, the next project was already up and running. Only a few months after the opening in Munich, Carlfried Mutschler approached Frei Otto in search of a structural solution for the roofing of the so-called information axis that he had proposed in his winning competition entry for the German Federal Garden Show at the Herzogenriedpark in Mannheim. The opening of the Federal Garden Show in Mannheim was planned for the summer of 1975 and after several unsuccessful variations with balloon roofs and tents, Mutschler remembered an experimental slatted dome that Frei Otto had built for the German Building Exhibition (DEUBAU '62) in Essen some ten years earlier.

JH That's exactly what happened. Mutschler initially wanted to set a new precedent in Mannheim with his own ideas. It was only at a late stage in the project that he visited Frei Otto in Warmbronn to ask his advice. At the time, Frei Otto was experimenting with suspended models. By then his experience included the gridshell designed with Rolf Gutbrod for the German Pavilion at the Montreal Expo '67, and he was in the midst of work on the roof for a large convention center in Mecca, which he also developed with Gutbrod.

GV How did Frei Otto come up with the idea of the gridshell and its structure?

JH Covering the Multihalle with a gridshell roof was simply a brilliant idea by Frei Otto. Atelier Warmbronn was to be the main location for the development of the Multihalle, but at the IL in Stuttgart an entirely different project was running at the same time, without which the construction history of the Multihalle would be incomplete. Since the summer of 1971, I had been working (now back in Stuttgart) with a small group of Japanese architects on the question of how simple hanging nets could be ideally shaped through the process of inversion. The architectural firm of Kenzo Tange was also involved in this project, most likely due to the rope constructions he designed for the 1964 Olympics in Tokyo. The aim of our project was to systematically explore and advance the basic construction of gridshells using a multitude of different suspended models. Initially we only built models, not actual buildings. Our focus was solely on the process of form finding,

ID 6823 FX

TAB

Technik am Bau

vereinigt mit wkt

Dezember 1975 8

Heizung
Klima • Lüftung
Elektro
Sanitär

Eine Bertelsmann Fachzeitschrift

Organ des Bundesverbandes der Heizungs- und Klimaindustrie e. V.

detached from any use or actual program. It was only the inquiry from Mannheim that gave us the opportunity to put into practice the purely theoretical findings from our collaborative project. It was a happy coincidence. Once Frei Otto accepted Mutschler's commission, work began immediately on the gridshell for the Multihalle.

GV Essentially, the Multihalle was an early fruit of that German-Japanese joint project: theory inspired practice.

JH Indeed, the Multihalle was a great way to transform theoretically oriented research into built reality. It may not be well known, but once it was clear that Frei Otto would design the roof in Mannheim, we built one of the first test gridshells for the Multihalle at the IL with students. It was a simple four-point gridshell made from wooden lathes with a mesh size of 50 × 50 cm, the width that was actually built later. That must have been 1973. Then Ted Happold and his *Structures 3 Group* from Ove Arup joined the project.

GV Was the general shape of the Multihalle already defined at that time?

JH Essentially, yes. The general shape of the Multihalle had already been more or less decided. While Mutschler concentrated mainly on the ground plan, the program, and the overall integration of the complex into the park landscape, Frei Otto worked on the shape of the roof. This was based on a model using ordinary fly screen mesh; it was definitely the very first model study on the Multihalle's general shape. Then came the work on the large scale model.

GV It's impressive to see the painstaking meticulousness and manual dexterity that went into crafting the scale model, which is now in the collection of the German Architecture Museum in Frankfurt am Main. It's remarkable how fine the mesh elements are — where did they come from?

JH They were custom-made elements that came out of the Japanese joint project. Having tried numerous industrially produced chains in our search for suitable elements, we decided that they were all too inaccurate and that we had to develop and produce the elements ourselves. Every inaccuracy, however small, would have added up, rendering the scale model useless. Ultimately we found a company near Stuttgart specializing in small stainless steel compression and tension springs, which was able to produce the necessary elements precisely and uniformly. The nodes of the mesh consist of small, flat rings connected by double-sided hooks at precisely defined nodal distances. This is also how the large scale model of the Multihalle was created.

SD

スペースデザイン
都市・建築・芸術の総合誌
第145号
昭和51年9月1日発行
毎月1回1日発行
昭和40年2月5日
第3種郵便物認可
昭和50年3月4日
国鉄首都特別扱
承認雑誌第2173号

09

Space Design 1976

特集＝HOK——ギョー・オバタの近作14題

作品●マンハイムに建つ木造シェル〈ドイツ連邦ガーデンショウ，多目的ホールとレストラン〉

NICE SPACE——コルドバのメスキータ，スペイン

近代住宅の再発見＝ロースの住宅〈繰り返しあらわれるモチーフと手法〉

Serial Essay：機械——心・身体・機械　吉田夏彦

GV What were the technical advantages of this construction?

JH Since it was a suspended model based on kinematics, the mesh had to be completely flexible so that its shape could self-adjust under the tensile forces of its own weight. In order to reduce our workload, only every third lathe line of the actual gridshell was represented. After the model was photogrammetrically measured at the Institute of Geodesy in Stuttgart, the remaining grid lines were interpolated with the help of a mainframe computer, so that a uniform and homogeneous surface could be created. The measurement and subsequent interpolation of the lines was the difficult task of Klaus Linkwitz, who had already successfully calculated the geometry of the roofs for the Olympic Park in Munich. At that time, photogrammetric methods were mainly used for long-distance applications, such as surveying the earth's surface. Linkwitz's achievement was applying these same methods to the short range and thus to small objects — it was an entirely new use of the technology.

GV The computer-based calculations of the Multihalle were documented by Linkwitz in comprehensive data protocols, his so-called measurement books. With the help of a Graphomat digital plotter, the data was then converted into a computer drawing and visualized. That's how the now famous plan for the gridshell was made.

JH Linkwitz's plan contains even more information than the scale model. Each line of the gridshell is depicted in its final length and exact spatial positioning. The plan is actually a spatial drawing and served as a basis both for the production of the wooden lathes and for further consideration of their assembly. At the construction site, the individual lathes were mounted on a specially designed assembly platform to form a grid. Afterwards, the entire roof construction was pushed upwards at pre-calculated points, then the edges and finally each individual node of the grid shell were firmly screwed together by hand.

GV Frei Otto always understood buildings as experiments and temporary structures. They were, in the best sense of the word, experimental buildings that underwent continuous research.

JH Working on physical models definitely played a central role for Frei Otto. Physical models are three-dimensional, which makes it possible to visualize both the outer and inner forms. This spatiality is especially important because they allow you to directly experience the effect of force on the physical model. For example, if I pull the end of a spanned mesh line, I can immediately see the effect on it.

P 5508 E
NR. 8 AUGUST 1981 AUSGABE B

Mitarbeitermagazin

wir vom holz

BADISCHE HOLZINDUSTRIE UND KUNSTSTOFFVERARBEITUNG

The physical model shows the structural dependencies in a construction, and therefore a building's spatiality.

GV Did Frei Otto give particular consideration to the interior of the Multihalle?

JH The main focus was more on the supporting structure and its effect. But he was also interested in its surroundings: the plants and trees of the park, the streams and ponds, the clouds in the sky behind the construction's silhouette – he wanted the space beneath the large roof to be able to unfold freely. Later, a lockable membrane wall was added to the large hall. This was probably an attempt at a compromise, to transform the experimental construction into a conventional venue. The wall was not part of the original plans. Basically, it can be said that the notion of open space can be felt in almost every one of Frei Otto's projects.

GV In a short article in IL No. 13 from 1976, you mention some unanswered issues surrounding the Multihalle. One issue involves research on the perception of large and high interiors. What was that about?

JH At the time, that area of research was led by Jürgen Joedicke, who headed the Institute of Modern Architecture in Stuttgart and was also looking into aspects of empirical spatial psychology. Participants were presented with various photographs of buildings and interior spaces. They were then supposed to evaluate them on a scale according to specific criteria. There were also two symposia held on this topic at the IL. I was skeptical about this method of assessing architecture and its statistical results, although the perception of large and high interiors is very relevant with regard to the use of the Multihalle. This involves the architectural problem of how large halls can be spatially subdivided.

GV Consideration of new utilization concepts for the Multihalle began immediately after the end of the Federal Garden Show. Time and again there were concrete offers to use it as an amusement park or swimming pool. But many of the ideas turned out to be technically, economically or urbanistically impracticable. It was the start of a long search that runs through the entire history of the Multihalle and continues into the present.

JH I believe it was ultimately a chain of unfortunate circumstances that led to the Multihalle being criticized. For example, the removal of the suspension railway that had been erected for the Federal Garden Show meant that the Multihalle lost its good infrastructural connection to the city center. The premature death of Carlfried Mutschler also contributed to the fact that the Multihalle's original con-

Bauwelt 12.2017

Laborbedingungen
Das Deutsche Zentrum für neurodegenerative Erkrankungen in Bonn und die Biobank des Max-Delbrück-Zentrums für Molekulare Medizin in Berlin

Postfaktische Planung
Wie Wien seinen Status als Weltkulturerbe verspielt

Jenseits von Arkadien
Landschaftsarchitektur zur Schadensbegrenzung

Zukunft Multihalle

Rettungsanker für die Gartenschau-Architektur von Frei Otto in Mannheim

16. Juni 2017 www.bauwelt.de 108. Jahrgang

cept could no longer be represented and legitimized to city officials. The idea of open space lost one of its most important advocates. Only a few people had the political influence in Mannheim that Mutschler enjoyed as a respected architect and competition winner. As time went on, it became more and more difficult to advocate the continued use of the Multihalle in the public eye.

GV Today, the Multihalle is again the focus of a broad international discourse, whose scope has long since surpassed the boundaries of architecture and civil engineering, and it has become the subject of various political and cultural debates.

JH It's important to reconnect with the original idea of open space and the visionary power of the Multihalle. In a way, Shigeru Ban tried to do that with the Japanese Pavilion at Expo 2000. Even though Shigeru Ban had to make certain compromises in its construction due to building regulations, the project can be seen as a late legacy of Frei Otto. Nevertheless, in its structural complexity and social innovation, the Multihalle remains unique in the world.

The discussion took place on August 25, 2017 at the former Institute for Lightweight Structures (IL), which is today known as the Institute for Lightweight Design and Construction (ILEK), at the University of Stuttgart.

Bildessay Prolog
(Seite 1 bis 19)
Bernd Seeland

Sämtliche Abbildungen des Hauptteils
(Seite 46 bis 165)
Werkarchiv Frei Otto
Werkarchiv Carlfried Mutschler + Partner
© saai | Südwestdeutsches Archiv für Architektur und Ingenieurbau, Karlsruher Institut für Technologie

Bildessay Epilog
(Seite 235 bis 249)
Robert Häusser
© saai | Südwestdeutsches Archiv für Architektur und Ingenieurbau, Karlsruher Institut für Technologie

Photo essay prologue
(pages 1 to 19)
Bernd Seeland

All images of the main part
(pages 46 to 165)
Frei Otto Archives
Carlfried Mutschler + Partners Archives
© saai | Südwestdeutsches Archiv für Architektur und Ingenieurbau, Karlsruhe Institute of Technology

Photo essay epilogue
(pages 235 to 249)
Robert Häusser
© saai | Südwestdeutsches Archiv für Architektur und Ingenieurbau, Karlsruhe Institute of Technology

Frei Otto (1925–2015)
1943 schreibt sich Frei Otto an der TH Charlottenburg für ein Architekturstudium ein. Er wird jedoch zunächst als Jagdflieger in der Wehrmacht verpflichtet. Während seiner Kriegsgefangenschaft in Frankreich entwirft er als Lagerarchitekt unter dem Diktat des Materialmangels diverse Lagerbauten. Hier wurzeln seine Überlegungen zum Minimalen. Nach seiner Entlassung diplomiert er 1952 in Berlin und promoviert 1954 mit einer Arbeit über *Das hängende Dach*. Wenige Jahre später gründet er in Berlin die Entwicklungsstätte für den Leichtbau (EL) und an der TU Berlin gemeinsam mit Gerhard Helmcke die Forschungsgruppe *Biologie und Bauen*. Ab Mitte der 1950er-Jahre prägt er mit seinen Zeltkonstruktionen, z. B. mit dem sogenannten Tanzbrunnen (1957) die Gartenschauen der jungen Bonner Republik. 1964 gründet er in Stuttgart das Institut für Leichte Flächentragwerke (IL). Mit dem Deutschen Pavillon auf der Expo '67 in Montreal gelingt es ihm, gemeinsam mit Rolf Gutbrod, der Welt ein Bild des neuen offenen Deutschlands zu zeigen. Dieser Eindruck wird durch die Dachlandschaft für die Olympischen Spiele 1972 in München, die er mit Behnisch & Partner realisiert noch einmal übertroffen. In den nächsten Jahrzehnten ist Otto an der Realisierung zahlreicher Bauten beteiligt. Zu nennen sind – neben der Multihalle in Mannheim (1975) – die Voliere im Tierpark Hellabrunn in München (1980), die Sporthalle in Dschidda, Saudi Arabien (1981) oder die Lichtaugen für Stuttgart 21 (ab 1997). Frei Otto bekommt zahlreiche Auszeichnungen, u. a. die Royal Gold Medal des Instituts of British Architects RIBA (2005). Frei Otto stirbt 2015 in Warmbronn. Im gleichen Jahr wird ihm posthum der Pritzker-Preis verliehen.

Carlfried Mutschler (1926–1999)
Unmittelbar nach der Kriegsgefangenschaft in Frankreich beginnt Carlfried Mutschler 1947 ein Architekturstudium an der TH Karlsruhe, wo er 1951 bei Egon Eiermann diplomiert. Er arbeitet in den Architekturbüros Alfred Au und Lange und Mitzlaff Architekten in Mannheim, bevor er 1953 seine Laufbahn als freier Architekt in Mannheim und Frankfurt am Main fortsetzt. In den 1960er-Jahren findet Mutschler mit einer Reihe von Bauprojekten internationale Beachtung, z. B. mit seinem Wohn- und Bürohaus E7 (1960), der Friedrich-Ebert-Schule in Mannheim-Waldhof (1966), der Lukaskirche (1967) und dem Evangelischen Gemeindezentrum Mannheim-Vogelstang (1968). Mutschler arbeitet mit namhaften Künstlern zusammen, z. B. mit Otto Herbert Hajek. Von 1967 bis 1970 fungiert er als Landesvorsitzender des Bund Deutscher Architekten (BDA) in Baden-Württemberg. Zusammen mit dem Gartenarchitekten Heinz H. Eckebrecht gewinnt er 1970 den Wettbewerb für die Bundesgartenschau Mannheim-Herzogenried, zu der eine Wohnanlage in Mannheim Neckarstadt und die Multihalle gehören. Hier beginnt die Zusammenarbeit mit Frei Otto und Ove Arup & Partners. 1971 gründet er mit Joachim Langner und Dieter Wessa die Bürogemeinschaft Carlfried Mutschler + Partner. Ab 1988 wird die diese um Christine Mäurer und Ludwig Schwöbel erweitert. Seit 1976 unterrichtet Mutschler an der Städelschule in Frankfurt am Main. 1984 wird er Gastdozent am MIT in Cambridge, USA. 1991 vollendet er mit dem Stadthaus N1 in Mannheim sein letztes großes Bauprojekt. Mutschler stirbt 1999 in Mannheim.

Jürgen Hennicke
studiert von 1959 bis 1968 Bauingenieurwesen und Architektur, Kunstgeschichte und Mathematik in Karlsruhe, Heidelberg und Stuttgart, wo er 1968 sein Diplom als Bauingenieur erwirbt. Seit 1968 forscht und lehrt er gemeinsam mit Frei Otto: zuerst an der Entwicklungsstätte für den Leichtbau (EL) in Berlin, danach am Institut für Leichte Flächentragwerke (IL) in Stuttgart bzw. dem späteren Institut für Leichtbau Entwerfen und Konstruieren (ILEK). Hennicke ist an zahlreichen Forschungs- und Realisierungsprojekten beteiligt, u. a. dem renommierten Forschungsprojekt zu Gitterschalen, der Multihalle Mannheim sowie an der Überdachung der Sportstätten im Olympiapark München. Bis 1991 war er Stellvertreter von Frei Otto und hatte zahlreiche internationale Gastprofessuren in Europa sowie u. a. in Australien, USA, Mexiko und Japan inne.

Georg Vrachliotis
ist Professor für Architekturtheorie und Leiter des Südwestdeutschen Archivs für Architektur und Ingenieurbau (saai) am Karlsruher Institut für Technologie (KIT). Zuvor lehrte und forschte er am Institut für Geschichte und Theorie der Architektur (gta) der ETH Zürich. Er studierte Architektur an der Universität der Künste Berlin und promovierte 2009 an der ETH Zürich. Als Gastforscher war er an den Universitäten Freiburg und Bremen sowie am Department of Architecture der University of California, Berkeley und der TU Wien, tätig. Er war Kurator der Ausstellung *Frei Otto. Denken in Modellen* (ZKM November 2016 bis März 2017) und Mitherausgeber der gleichnamigen Publikation (Spector Books 2017).

Frei Otto (1925–2015)
In 1943, Frei Otto enrolled at the Technical University in Charlottenburg for a degree in architecture. However, he was called to duty as a fighter pilot in the German military. During his captivity as a prisoner of war in France, he served as camp architect and designed various camp structures under the constraints of scarce building materials. Herein lie the roots of his reflections on minimalism. Upon his dismissal, he resumed his architectural studies at the Technical University of Berlin, obtaining his diploma in 1952 and a doctorate in 1954 with his dissertation, *The Suspended Roof, Form and Structure*. A few years later, he established the Development Center for Lightweight Construction (EL) in Berlin and, together with Gerhard Helmcke at the Technical University of Berlin, the research group *Biology and Building*. From the mid-1950s onwards, he left his mark on the Federal Garden Shows of the young West German Republic with his tent-like structures, such as the so-called Dancing Fountain (German: Tanzbrunnen) in 1957. In 1964, he founded the Institute for Lightweight Surfaces (IL) in Stuttgart, which he developed into one of the world's most important research institutions for ecologically influenced architecture and civil engineering. With the German Pavilion at Expo '67 in Montreal, he and Rolf Gutbrod succeeded in presenting the world with an image of a new, open Germany. This impression was surpassed by the roofscape for the 1972 Olympic Games in Munich, which he realized with the architectural firm of Behnisch & Partners. Over the next few decades, Otto was involved in the realization of numerous buildings. Notable examples include – in addition to the Multihalle in Mannheim (1975) – the aviary at the Hellabrunn Zoo in Munich (1980), the sports hall in Jeddah, Saudi Arabia (1981), and the light eyes for the Stuttgart 21 train station (starting 1997). Frei Otto received numerous awards, including the Royal Gold Medal of the Institute of British Architects (RIBA) in 2005. Frei Otto died in March 2015. In the same year, he was posthumously awarded the Pritzker Prize.

Carlfried Mutschler (1926–1999)
Shortly after being released as a prisoner of war in France, Carlfried Mutschler began studying architecture at the Karlsruhe Technical University in 1947, where he graduated with Egon Eiermann in 1951. He worked briefly at the architectural firms of Alfred Au and Lange & Mitzlaff in Mannheim before continuing his career as a freelance architect in 1953 in Mannheim and Frankfurt am Main. In the 1960s, Mutschler gained widespread national and international attention with a series of building projects and competition wins, in particular his E7 residential and office building (1960), the Friedrich Ebert School in Mannheim-Waldhof (1966), St. Lucas Church (1967), and the Protestant Community Center in Mannheim-Vogelstang (1968). Mutschler collaborated with renowned artists such as Otto Herbert Hajek. From 1967 to 1970 he served as Chairman of the Association of German Architects (BDA) in Baden-Württemberg. Together with the landscape architect Heinz H. Eckebrecht, he won the 1970 competition for the Federal Garden Show in Mannheim-Herzogenried. In addition to the residential complex in Mannheim Neckarstadt, he also built the Multihalle, marking the start of his collaboration with Frei Otto and Ove Arup & Partners. In 1971 he founded the office Carlfried Mutschler + Partners, together with Joachim Langner and Dieter Wessa. In 1988, the firm was expanded to include Christine Mäurer and Ludwig Schwöbel. Starting in 1976, Mutschler also taught at the Städelschule in Frankfurt am Main. In 1984 he was a guest lecturer at MIT in Cambridge, Massachusetts, USA. In 1991, he completed his last major construction project, the Stadthaus N1 in Mannheim. Mutschler died in 1999 in Mannheim.

Jürgen Hennicke
studied civil engineering and architecture, art history, and mathematics from 1959 to 1968 in Karlsruhe, Heidelberg, and Stuttgart, where he obtained his diploma as a civil engineer in 1968. From 1968 onwards, he conducted research and taught together with Frei Otto, first at the Development Center for Lightweight Construction (EL) in Berlin, and then at the Institute for Lightweight Structures (IL) in Stuttgart, which later became the Institute for Lightweight Design and Construction (ILEK). Hennicke was involved in numerous research and building projects, including the renowned Japanese-German research project on gridshells, the Multihalle in Mannheim, and the roofing of the sports facilities in Munich's Olympic Park. Until 1991 he served as Frei Otto's representative and has held numerous guest professorships in Europe, Australia, USA, Mexico, and Japan.

Georg Vrachliotis
is a professor of architectural theory and director of the Südwestdeutsches Archiv für Architektur und Ingenieurbau / saai (Southwest German Archives for Architecture and Civil Engineering) at the Karlsruhe Institute of Technology (KIT). He previously taught and researched at the Institute for History and Theory of Architecture (gta) and at the Swiss Federal Institute of Technology (ETH) in Zurich. He studied
architecture at the University of the Arts in Berlin and received his doctorate in 2009 from the ETH Zurich. He was a visiting researcher at the Universities of Freiburg and Bremen and at the University of California, Berkeley. He curated the exhibition, *Frei Otto. Thinking by Modeling* shown at ZKM | Center for Art and Media Karlsruhe from November 2016 to March 2017, and co-edited the exhibition catalogue published by Spector Books in 2017.

Dieses Buchprojekt ist ein baukultureller Diskursbeitrag im Kontext mit der nationalen und internationalen Debatte um den Abriss beziehungsweise Erhalt der Multihalle. Ein spezieller Dank geht an den Oberbürgermeister der Stadt Mannheim Dr. Peter Kurz, den Bürgermeister Lothar Quast und an Tatjana Dürr von der Stabsstelle Baukultur. Auch dem Präsidenten der Architektenkammer Baden-Württemberg Markus Müller gebührt großen Dank. Ihrem gemeinsamen Engagement und ihrer Zuversicht ist es zu verdanken, dass die Multihalle wieder in den Fokus der nationalen und internationalen Öffentlichkeit gerückt werden konnte. Christoph Engel möchte ich für die ausgezeichnete Buchgestaltung und die professionelle und exzellente Zusammenarbeit danken. Mona Leidig hat das Projekt zuverlässig und mit organisatorischer Übersicht begleitet, auch ihr möchte ich dafür danken. Jürgen Hennicke hat mir geduldig Rede und Antwort gestanden. Seine Expertise hat viele noch offene Fragen klären können. An diesem Buch haben weitere Freunde und Kollegen ihren Anteil gehabt, denen ich hiermit danken möchte: Martin Kunz für seine enorme Hilfsbereitschaft und Kompetenz sowie dem gesamten Team des Südwestdeutschen Archivs für Architektur und Ingenieurbau (saai): Isa Strunk, Joachim Kleinmanns, Gerhard Kabierske, Doris Gadinger, Astrid Piaskowy; Manuela Gantner für ihre Unterstützung und Hilfsbereitschaft während der Endphase des Projektes sowie dem Fachgebiet Architekturtheorie. Bernd Seeland für die Fotoserie zum aktuellen Zustand der Multihalle; Sally Bellow, Jan-Philip Possmann und Oliver Rack für die anregenden Diskussionen und freundschaftlichen Gespräche; Andreas Schenk vom Stadtarchiv Mannheim; Gabriele Metzger vom ILEK; Alisa Kotmair für die professionelle und elegante Übersetzung. Ludwig Schwöbel für das anregende Gespräch während der Arbeit an diesem Buch. An Jan Wenzel vom Spector Books Verlag geht ein besonderer Dank: für sein Vertrauen und seine professionelle und geduldige verlegerische Bearbeitung. Das Projekt wurde großzügig unterstützt durch die Stadt Mannheim, die Wüstenrot Stiftung sowie die Architektenkammer Baden-Württemberg.

This book addresses presents the architectural heritage of the Multihalle in the context of national and international debates surrounding its possible demolition or conservation. Special thanks go to the Lord Mayor of the City of Mannheim, Dr. Peter Kurz, Lothar Quast, Mannheim Mayor for Building, Planning, Infrastructure, Urban Renewal, Housing, Transport and Sports, and Tatjana Dürr from the Mannheim Department of Building Culture. Great thanks also to Markus Müller, President of the Baden-Württemberg Chamber of Architects. Due to your combined engagement and confidence, the Multihalle could once again be brought into the focus of national and international public attention. I would also like to thank Christoph Engel for his excellent book design and professional collaboration. And Mona Leidig, who reliably accompanied the project and maintained an organizational overview. Jürgen Hennicke patiently listened and responded to me — thanks to his expertise, numerous open questions were finally answered. I also wish to thank the many other friends and colleagues who contributed to this book: Martin Kunz, for his enormous helpfulness and competence, as well as the entire team of the Südwestdeutsches Archiv für Architektur und Ingenieurbau (saai): Isa Strunk, Joachim Kleinmanns, Gerhard Kabierske, Doris Gadinger, Astrid Piaskowy; Manuela Gantner for her willing support during the project's end phase, and the rest of the Department of Architectural Theory team. Thank you, Bernd Seeland for the photo series on the current state of the Multihalle; Sally Bellow, Jan-Philip Possmann, and Oliver Rack for the many stimulating discussions and friendly conversations; Andreas Schenk from the Mannheim City Archives; Gabriele Metzger from the ILEK; Alisa Kotmair for the professional and elegant translation; and Ludwig Schwöbel for the thought-provoking conversation while working on this book. Sincere thanks to Jan Wenzel from Spector Books for his trust and professional and patient editorial work. This project was generously supported by the City of Mannheim, the Wüstenrot Foundation, and the Baden-Württemberg Chamber of Architects.

Georg Vrachliotis
FREI OTTO, CARLFRIED MUTSCHLER
MULTIHALLE

Konzept – Concept
Georg Vrachliotis
Christoph Engel

Gestaltung – Graphic design
Christoph Engel

Satz – Typesetting
Manuela Gantner

Bildbearbeitung – Lithography
Christoph Engel

Übersetzung – Translation
Alisa Kotmair

Lektorat – Copyediting
Mona Leidig
Manuela Gantner

Korrektur – Proofreading
Manuela Gantner
Martin Kunz

Druck und Bindung – Printing and binding
Ruksaldruck GmbH & Co. KG, Berlin

Erschienen bei – Published by
Spector Books
Harkortstraße 10
04107 Leipzig
www.spectorbooks.com

1. Auflage – First edition
Printed in Germany
ISBN 978-3-95905-192-7

Vertrieb – Distribution

Germany, Austria
GVA, Gemeinsame Verlagsauslieferung
Göttingen GmbH&Co. KG
www.gva-verlage.de

Switzerland
AVA Verlagsauslieferung AG
www.ava.ch

France, Belgium
Interart Paris
www.interart.fr

United Kingdom
Central Books Ltd
www.centralbooks.com

USA, Canada, Central and South America, Africa, Asia
ARTBOOK | D.A.P.
www.artbook.com

South Korea
The Book Society
www.thebooksociety.org

Australia, New Zealand
Perimeter Distribution
www.perimeterdistribution.com